中学英语教育教学与学生素质培养

夏春莲　孙和平　夏喜安　著

汕頭大學出版社

图书在版编目（CIP）数据

中学英语教育教学与学生素质培养 / 夏春莲，孙和平，夏喜安著． -- 汕头：汕头大学出版社，2023.5
ISBN 978-7-5658-5030-1

Ⅰ．①中… Ⅱ．①夏… ②孙… ③夏… Ⅲ．①英语课－教学研究－中学 Ⅳ．① G633.412

中国国家版本馆 CIP 数据核字（2023）第 099076 号

中学英语教育教学与学生素质培养
ZHONGXUE YINGYU JIAOYU JIAOXUE YU XUESHENG SUZHI PEIYANG

作　　者：夏春莲　孙和平　夏喜安
责任编辑：郭　炜
责任技编：黄东生
封面设计：刘梦杏
出版发行：汕头大学出版社
　　　　　广东省汕头市大学路 243 号汕头大学校园内　邮政编码：515063
电　　话：0754-82904613
印　　刷：廊坊市海涛印刷有限公司
开　　本：710mm×1000mm　1/16
印　　张：11
字　　数：165 千字
版　　次：2023 年 5 月第 1 版
印　　次：2024 年 1 月第 1 次印刷
定　　价：46.00 元
ISBN 978-7-5658-5030-1

　　英语是当今世界广泛使用的国际通用语，是国际交流与合作的重要沟通工具，是思想与文化的重要载体。中学英语课程是中学阶段全面贯彻党的教育方针、落实立德树人根本任务、发展英语学科核心素养、培养社会主义建设者和接班人的基础文化课程。学习和使用英语对汲取人类优秀文明成果、借鉴外国先进科学技术、传播中华文化、增进中国与其他国家的相互理解和交流具有重要的意义和作用。

　　构建高质量育人体系，培育优秀人才，是国家落实立德树人根本任务的要求，是每个学生身心成长的需求，也是每位教师的责任。在这个日新月异、不断变化的时代，跨界和创新无处不在。教师要在传道、授业和解惑的基础上，主动提升自己的育人能力，做学生成长的引导者、支持者和陪伴者。教师要让学科教学承载更多的素养功能，在学科知识和技能的基础上，促使学生在学习中获得价值观念、沟通能力、合作能力、共情能力、坚毅品质和多角度思维等的发展；要重视学生创新能力的形成，用具有挑战性的学习任务、担当责任的社会活动激发学生的好奇心、想象力和创新思维，鼓励学生勤于实践，善于合作，敢于质疑，勇于创新，以帮助学生形成未来发展需要的正确价值观、必备品格和关键能力。

　　随着中学英语课程改革的深入推进，育人为本的理念深入人心，教师的教学理念发生了显著变化，学科核心素养也逐步发展成中学英语教学的新要求。英语素质教育主要是让学生通过听、说、读、写、译等方面的语言实践活动发展英语语言能力，培养和提高学生良好的心理品质和思想道德品质。英语教学应使学生形成以交际能力为核心的英语语言运用素质。教师应注意调动学生的非智力因素，营造一个能进行交际实践的学习环境，并充分利用现有教学手段，努力扩大学生的知识面，帮助学生建构自主学习模式。全面实施素质教育是当下教育改革发展的战略主题，广大英语教师需进一步更新教育观念，改进教学方法，提高课堂教学的有效性，通过有效途径逐步使学生获得良好的学习习惯、科学的思维方法、积极的情感意志、创新的求索精神，并为其未来发展和终身学习奠定坚实基础。

鉴于此，笔者撰写了《中学英语教育教学与学生素质培养》一书。本书阐述了中学英语教学内容，中学英语教学设计，学生素质培养为导向的课堂教学难点，以精选课程内容为引领培养学生素质的策略，以自主、合作、探究学习为引领培养学生素质的策略，以教学评价为引领培养学生素质的策略。

笔者在撰写本书的过程中借鉴了许多专家和学者的研究成果，在此表示衷心感谢。本书研究课题所涉及的内容十分宽泛，尽管笔者在写作过程中力求完美，但仍难免存在疏漏，恳请各位专家批评指正。

Contents 目 录

第一章　中学英语教学综述

第一节　中学英语教学

继"三维目标"之后，学科核心素养成为中学课堂教学改革向纵深推进的新导向。作为知识与技能、过程与方法、情感态度与价值观三维教学目标的进一步整合和凝练，学科核心素养是正确价值观、必备品格和关键能力的有机融合体，是学生个体发展和社会发展所需要的广泛适应力，并集中表现为学生个体面临特定问题情境时各种具体素养成分的综合性运用。

一、中学英语课程的性质

在中学阶段设立英语课程是深化教育改革、切实贯彻和落实"育人为本，德育为先"教育理念的必然要求，是我国践行社会主义核心价值观的具体表现。作为基础文化课，中学英语衔接了义务教育阶段的英语教学，并帮助学生顺利过渡到高等教育阶段的学习，使学生综合应用英语的能力得到全面提升。

（一）"育人"是中学英语课程的本质

"育人为本"是教育改革的核心思想和本质要求，国家富强、民族振兴的历史使命也决定了中学英语课程的育人本质。相较于其他文化课程，中学英语具有自己的特性，不仅负责英语本身的知识传授，还能够挖掘学生的语言潜能，培养学生的综合应用能力，帮助学生开阔视野、提升对外交际技能、强化传统文化精神，为弘扬中国文化、加强国际交流、建设社会主义、实现民族复兴培养全面发展的高素质人才。中国想要提升国民的文化水平和综合素养，并在国际舞台掌握话语权，为促进全球政治稳定、经济发展、环境保护、人民幸福做贡献，就必须努力提升国民的外语水平，尤其是国际通用语言的水平。中学英语贯彻"育人为本"的教育理念，实际上就是明确教育对象、教育方法、教育目的的过程。

（二）"立德树人"是英语课程的育人价值取向

教育的根本任务是立德树人，培养德、智、体、美、劳全面发展的社会主义接班人。对于如何进一步深化课程改革，如何有效落实教育的根本任务，教育部于2014年3月下发了指导意见，意见指出中学阶段的学科教育及课程改革要以"立德树人"为价值取向，以"全面发展"为行动指南，倡导弘扬中华文化，继承优良传统，培养民族意识，将社会主义核心价值观贯穿课程改革的始终。此外，还要与时俱进，将我国的现代化教育和学生的发展需求相结合，力求每位学生都能成为人民的服务者和社会主义的建设者。

（三）在课程中落实立德树人根本任务的指导思想

如果课堂是教育的主阵地，那么课程就是实现教育根本任务——立德树人的有力武器。课程承载了教育的宗旨、内容和目标，体现了一个国家的价值取向，决定了人才培养的方向，学校通过课程编排开展相应的教育教学工作。在贯彻和落实"立德树人"教育方针的过程中，教育部门要根据国家建设需求和学生发展需求，制定课程评价标准和教育教学方案，并针对学生和学科的发展建立相应的核心素养体系，在保证道德教育的基础上，着重培养学生的综合能力，促进其全面发展。课程评价标准包含多方面的内容，如课程的性质、宗旨、目标、重难点等，而这些都是围绕教育的根本任务——立德树人展开的，旨在提升学生的学科核心素养。落实立德树人具体到英语学科，就是将社会主义核心价值观渗透教学工作的各个环节，包括教材的编写、课堂的把控、思想的培养，帮助学生提升文化内涵，锻炼强健体魄，建立正确的道德观、价值观、世界观，学会与世界对话和交流，增强民族认同感和民族自信心，并树立建设国家、振兴中华的崇高理想。

（四）英语课程工具性与人文性的融合统一

中学英语课程将英语本身的学习和人文素养的提升融合在一起，具有工具和人文的双重属性。中学英语课程以培养学生的语言及学习能力为主，不断增强学生的文化意识，锻炼其思维品质。

中学英语课程在义务教育和高等教育阶段的英语教学中起着承上启下的作用，学生在学习英语知识及其综合运用的过程中，其文化意识、思维品质、语言及学习能力均得到了有效提升，为今后拓展不同学科领域、借鉴他国先进思想、弘扬中国优秀文化奠定了基础，同时也为将来的学习深造和创业就业提供了更多可能性。

英语课程的工具属性提升了学生的语言能力和学习能力。首先，学生掌握了英语的语言知识和技能，利用情景对话等实践方式学习了英语词汇的概念意义、人际意义及语篇意义，了解了英语语言对事物所具备的指示、约定、信息、行为等功能，理解了英语的语法结构和表达方式，并吸收了教材内容所传递的文化和思想，加强了英语的实际运用能力。其次，学生在学习和运用英语的过程中从不同角度认识了这个世界，开阔了视野，并意识到英语在个人的生活、学习、工作以及国家与世界交流合作中的重要作用。最后，学生学习英语可以为今后拓展不同学科领域、弘扬中国优秀文化、学习先进思想和技术、不断提升自我奠定基础。

英语课程的人文属性提升了学生的文化意识和思维品质。学生通过英语的学习和运用，了解了不同国家和民族的文化传统、思维模式，学会从更深的层次、更多的角度来认识世界、审视世界及批判世界，学会接受不同的文化和观念，并养成兼容并包的治学态度。学生通过训练变得善于发现并懂得欣赏美，其人文素养得到了大幅提升，并认识到各国共处一个世界，树立全球价值观——人类命运共同体，不断提升跨文化交流的能力，加强与外界的对话。

中学英语课程的教学关键在于对课程特点的准确把握，这就需要教师深入地了解英语课程的工具属性和人文属性并正确认识两者之间的关系，即相互融合、相互促进的有机体，然后据此制定教育计划，将人文教育、道德教育融入英语学科的教学活动中，帮助学生树立正确的价值取向，不断提升学生发展的核心素养和学科核心素养。

二、中学英语教学的构成要素

学生、教师、教材及教学方式等都是构成中学英语教学的要素，想要确保中学英语教学质量就必须充分发挥各要素之间的作用。下面将分别介绍这四大基本要素。

（一）学生

学生在掌握基本的英语知识后会逐渐对英语的文化背景产生浓厚兴趣，进而想要关注、了解说英语民族的生活方式和风俗习惯等，这使得他们学习英语的动机向着正确的方向发展。热爱学习的学生对新事物的接受能力往往比较强，他们不仅会听取教师传授的学习方法，还会琢磨出一套只属于自己的学习方法，这种强烈的求知欲和学习欲就是学生快速学习和掌握英语知识的强大动力，只要教师从旁协助引导学生将会取得突飞猛进的成绩。

（二）英语教师

教师是传授英语知识的主体，因此必须要求英语教师的知识储备雄厚和发音纯正，还要求英语教师具备自身特色的教学方式，如风趣幽默的教学方式。对于学生来说，如果教师的教学方式是枯燥乏味的，那么学生对这门学科的兴趣就会大打折扣。因此，为调动学生对英语学科的兴趣和积极性，教师应该采取多元化的英语教学方式。

（三）英语教材

如果教师是传授英语知识的主力，那么英语教材就是教师的辅助工具。

但在实际英语教学过程中，教师要考虑学生接受英语知识的能力，要结合学生的实际情况根据教材制定出适合学生的教学安排。对于英语教师来说，在拿到不同英语教材之后，要迅速整理出一套完整的教学安排，根据教学安排循序渐进地引导学生掌握英语知识，并在课堂和课后询问学生学习情况，然后根据学生反馈的结果适当调整教学安排。

（四）英语教法

中学英语教学中并没有统一的方法，英语教学历史上出现的翻译法、直接法、自觉对比法、听说法、视听法、认知法、功能法等，都曾在课堂教学中发挥过一定的作用。历史证明，没有哪一种教学法在中学英语教学的应用中是最好的、最有效的。如果总在一个班级的英语教学中采用一成不变的教学法，那么学生势必感到乏味。实际上，一堂课也不应该只是用一种教学方法。这些不同的教学法对语言技能的发展各有侧重，因此不同方法的综合运用有利于学生英语水平的全面发展。

三、中学英语教学理念的转变

新课程改革的关键在教师，新课程实施的关键在于教育理念的转变。教师有什么样的教学理念，就会有什么样的教学行为，因为理念决定行为。新课程改革的核心理念是为了每一位学生的发展，教育的目的就是促进学生的发展。中学英语新课程教学理念的几个转变如下。

（一）英语教学目标的转变

新的《英语课程标准》提出了以下中学课程总目标：使学生在义务教育阶段英语学习的基础上，进一步明确英语学习的目的，发展自主学习和合作学习的能力，形成有效的英语学习策略，培养学生的综合语言运用能力。综合语言运用能力的形成建立在语言技能、语言知识、情感态度、学习策略和文化意识等素养整合发展的基础上。同时把情感态度的培养目标放在了首位，突出了新课程的第一大特点——人文性。把人放在了第一位，注重了人的发展。我们在教学设计中，始终要把培养人的理念放在首位，要从课程标准所提出的五个方面（即语言知识、语言技能、学习策略、情感态度、文化意识等）去定位我们的教学目标，从而实现综合语言运用能力的形成，发展学生的自主学习和合作学习的能力，最终促进学生的发展。

（二）学习方式的转变

中学英语新课程标准对外语教学提出了更高的教学目标——培养人的素质，培养学生综合运用语言的能力。教师要转变观念，让学生掌握多种学习方式，拓宽学习渠道；让学生在读中学、玩中学、做中学、合中学，把学习融入生活，把生活融入学习，在多样化的学习方式中凸显自主学习、合作学习和探究学习。

（三）教师角色的转变

在新课程教学背景下，教师不再是课堂教学的权威，而是与学生平等地交流和讨论的伙伴；教师是合作伙伴，在课堂上与学生共同开发教学资源，师生相互学习；精神上，教师是学生学习生活的引导者，教师有义务和责任培养全面而有个性发展的人，因此教师在教学中要引导学生掌握正确的学习方法，引导学生根据自己的个性和技能来辨别、正确看待和评价自己，并学会规划自己的生活。

第二节　中学英语素质教育课堂教学

素质教育是当前最热门的教育话题之一，如何把素质教育繁多的概念转变为广大教育实践者的切实教育行动，是人们在教育改革中的主要着眼点。课堂教学是实施素质教育的主要场所，对课堂教学中符合素质教育本质内涵的行为特征做出明确辨析和规范，有助于课堂教学的价值判断，进而有效地指导课堂教学行动。

一、中学英语素质教育课堂教学的基本特征

在长期的教学实践中，笔者认为具备素质教育内涵的中学英语课堂教学应具有如下特征。

（一）多元的课堂教学目标

具有素质教育丰富内涵的中学英语课堂教学的目标应是多方面的，不仅包括掌握英语词汇、句型等语言知识，而且意在训练学生英语语言运用的技能，意在发展学生的综合素质——拓宽知识面，学习在世界各地生活的能力，学会在全球认识和处理事物的实际能力。有了这种综合目标的意识，具有素质教育理念的中学英语课堂教学就会围绕"语言素质"和"整体素质"的大目标体现出多元性。

（二）适度开放的教学内容

为全面提高学生的英语语言交际能力和综合素质，教师在讲授英语语言知识的同时，可有意识地适度增加一些"开放性"的内容，如介绍与课文内容有关的人文背景、风土民情等，以增加学生对讲英语国家国情及习俗的了解，使学生感到所学内容与他们对外部世界渴望了解的需要相吻合，从而激发学生学习英语的积极性，同时这种适当舍弃一味对课文表层信息进行孤立、割裂的语言点的讲解，让学生得到以课文内容印象深刻的深层及拓宽性理解，反而使学生对所学内容较容易吸纳和内化，往往收到事半功倍的效果。

（三）多样的组织形式

教学目标和教学内容决定了教学的组织形式，"应试教育"为"应试"的需要大量灌输学生书本知识，忽视学生实际能力的培养，实行教师"一言

堂"的讲授方法，教学组织形式单一，以教师为中心。而以学生为中心的素质教育，则必然带来课堂教学活动形式的多种多样、丰富多彩，带来师生角色关系的变化，教师不再是课堂教学活动中主宰一切的讲解者，而是课堂教学活动中的多重角色，有时是课堂活动的设计、组织、引导、示范的导演，有时又要参与巡视、观察、督导等，活动完毕又是活动的检查与总结者。教师的角色和作用随学生活动的过程而变化，这与传统"应试教育"的教学活动教师主要是讲解者的单一作用有着明显的区别。

（四）和谐均衡的教学活动设置

多元的课堂教学目标、适当开放的教学内容、多样的组织形式和多变的角色关系，需要通过和谐均衡的教学活动设置去实现。在中学英语课堂教学中主要有语言知识性活动和语言运用性活动的和谐与均衡；理解性活动与表达性活动的和谐与均衡；口语活动与书面语活动的和谐与均衡；围绕课文本身的活动与拓宽思维联系实践的活动之间的和谐与均衡；系统讲授式活动与实践操作性活动的和谐等。上述任何因素不和谐或其中任何一个因素的缺失，都会影响中学英语课堂教学为发展全面素质服务这个总目标的实现。

（五）营造健康愉悦的情感氛围

素质教育的最终目标是培养学生健康向上的心理，健全完善的人格。英语教师在课堂上以亲切的目光注视每一位学生，对学生的发言总是报以积极的评价和真诚的鼓励，当遇到学生回答问题有困难的时候，不是让学生轻易放弃或简单告知答案，而是给予扶持，设法让其寻找出正确或接近正确的答案，尽力使学生对英语学习产生信心和乐趣，从而使学生生活在一个欢快愉悦的情感氛围内。这正是素质教育在中学英语课堂教学中所具有的一个重要特征。

（六）造就丰富多彩的人生

现代物理学的奠基人爱因斯坦曾说过，学校教育成功与否，就在于学生将课本知识遗忘之后，还留下什么样的素质。从根本意义上讲，教育的最大作用就在于解决价值观和方法论这两个问题，中学英语课堂教学亦不例外。如果教师在课堂对教学内容爱不释手，满怀激情地和学生们一起含英咀华，学生们便能很容易地深入体味到英语语言美的真谛；如果教师遇到难题如获至宝，废寝忘食地和学生们一起攻克难题，一旦破解难题兴奋得如醉如痴，那么学生们也必然会受其感染，从内心深处体味到英语语言殿堂的辉煌与魅力。如此潜移默化，他们从教师那里所获得的既有价值观方面的深刻启迪，也有方法论方面的深刻启迪，数年之后当孩子们把书本里的东西还给教师之后，留下的就不再是一片空白，而是一个开阔、丰富多彩的人生。这就是中学英语素质教育课堂教学的最根本特征。

总之，作为一个中学英语教师，熟悉素质教育与中学英语课堂教学的相关性，掌握中学英语素质教育课堂教学的基本特征，有利于自觉完成中学英语课堂教学由"应试教育"向素质教育的顺利转变，更好地为高一级教育层次和全社会培养出大批全面发展的英语人才，这是中学英语教学之根本所在。

二、实现中学英语课堂素质教育转化

（一）转变教育观念，真正建立以学生为主体的教育理念

基于应试背景下的中学英语传统教学模式，主要以教师为教学活动的主体，以知识讲解和板书教学为主要教学模式，学生往往处于被动的知识接受地位，英语教学模式及手段过于单一和枯燥，教学目标主要是通过考试和顺利升学，这在无形中给学生带来了较大的心理压力，对于英语课程的学习也将随之缺乏主动性。实质上，英语作为一门应用型语言，在英语学习过程中，学生才是学习的主体所在。为了提升中学英语教学的实效性，需要不断转变教育理念，由应试教育转变为素质教育，真正以学生为主体，通过有效引导教学，积极激发学生对于英语学习的兴趣和热情，让学生感受到熟练运用英语交流和沟通的乐趣所在，从而培养学生自觉学习的良好习惯。

（二）强化学生对于英语学习的自主能动性

常言道："授之以鱼不如授之以渔。"在中学英语教学过程中，为了实现较好的英语教学效果，与其将英语知识进行单方面灌输，不如让学生自主掌握科学的学习方法，通过自身学习和感悟受到启发，使学生真正建立学习的自主能动性，同时掌握正确的学习方法，以此构建一定的语言人文素养，这同时也是素质教育的目的所在。在中学英语教学过程中，教师可注重学生英语听、说、读、写能力的培养，以英语阅读为例，教师可为学生推荐经典优秀的英文读本材料，指导学生定期进行阅读，将难以理解的词汇及语境都记录下来向教师询问求教，同时还可以引导学生通过影视剧等媒介渠道了解国外文化和英语语言的实际运用，在拓展学生英语阅读面的同时还能提升其英语听说能力。

（三）适应学生心理，保护学生良好的心态

由于英语教学中语法知识比较多，因此学生会感觉英语学习比较枯燥。中学英语知识点较多，教师的教学任务也比较重。然而不论教学压力有多大，在教学中培养学生的英语综合运用能力才是最重要的目标。如果在教学中只顾给学生传授书本知识，而不重视对学生口语、写作、阅读能力的训练，这样学生的英语综合运用能力是无法得到真正提升的，学生的学习积极性也会逐渐降低。所以，教师要不断丰富英语课堂的教学内容，引入多元化的教学模式，适应学生的学习需求，保护学生良好的心理状态，结合中学生的心理特点进行教学，以激发学生的学习热情。通过营造轻松愉悦的课堂氛围，能让学生逐渐喜欢上英语学习；通过使用分层教学模式，能有效提升学生的英语学习能力。教师可以开展小组竞赛活动，如组织单词拼写比赛、英语话剧表演比赛等，培养学生良好的学习心态，将英语学习真正融入生活之中。

（四）改进教学方法，体现学生的主体地位

1.通过情境式教学为学生创造听与说的机会

在英语课堂教学中，一般以培养学生的听说能力为主。教师要通过情境

式教学为学生创造听与说的机会，提高学生参与学习的兴趣。教师也可以结合教材内容，培养学生的情景对话能力。随着互联网的快速发展，信息技术在教育领域的应用越来越广泛。教师可以运用信息技术创设具体的教学情境，激发学生的求知欲与好奇心，让学生融入英语课堂教学中，并在愉快、轻松的氛围中学习。教师也可运用任务驱动法，引导学生对问题进行探究，激发学生的探究欲望。在问题情境中，学生的积极性被调动起来，踊跃回答问题，积极参与课堂讨论。在这种积极的学习状态中，学生能更加全面、透彻地理解并掌握知识。在复习阶段，教师可以利用思维导图，引导学生自主进行知识点的分析、归纳、总结，让学生有效巩固所学知识，打下良好的学习基础。在具体的知识情境中，学生的认知能力也会得到有效提升，学生的思维会更加活跃。在英语课堂教学中，教师可采用生动有趣的教学情境，引导学生体验英语口语的魅力，并能用英语表达自己的想法，培养学生的知识运用能力与英语表达能力，实现提高学生英语能力的教学目标。教师可以结合各种生活情境创设教学活动，引导学生用英语进行交流与沟通，使说英语成为一种习惯。

2.让学生结合实际生活完成语言表达作业

随着时代的发展，在日常生活中我们经常可以看到英语被应用于各个方面。教师要改变传统的教学模式，在英语教学中融入实际生活中的元素，结合日常生活中英语的应用情况设计相关的课外作业，不断拓展、充实课堂教学内容。

3.开展英语课外活动，提升学生英语表达思维意识

教师可以结合课堂教学内容拓展学生的学习空间，根据学生的兴趣爱好与认知特点开展英语课外活动，让学生在英语课外活动中积极表达自己的想法，激发学生的创新力与想象力。在课外活动的拓展中，学生能感受到英语的魅力，提升自己的创新能力，拓展学习视野。在第二课堂英语兴趣活动中，教师可以引导学生一起设置英语角，装扮英语活动室、视听功能区、阅览功能区、生活功能区，通过场景布置让学生更加积极地接触英语，开展英语小品表演活动。在第二课堂英语活动中，学生会逐渐增加对英语学习的兴

趣，提升英语表达思维意识与创新意识，从而更好地掌握英语的应用技巧。教师也可以对学生进行记笔记训练，引导学生关注英语表达中的细节。

另外，教师可以通过教学软件对学生进行英语听力训练，提升学生的听力和口语表达能力。在阅读方面，教师要引导学生对语境进行合理的判断与推理，培养学生获取深层信息的能力。对于长难句学生往往会出现错误，教师要引导学生根据具体的语境分析判断词义，转变学生的思想观念，帮助学生更好地理解和获取信息。同时，教师要通过实践操作提升学生的阅读能力，让学生养成自主阅读习惯。教师可以在开学时建立读书俱乐部，激发学生自主阅读英语文章的兴趣和积极性。为了增加学生的英语阅读量，教师可以通过组织共读一本杂志、一份报纸或一本书的活动，让学生进行阅读分享，有效提升学生的自主阅读兴趣。总之，通过多管齐下的方法，让学生将英语知识学好、学精，不断提升学生的英语学习能力。

（五）根据学生个性化差异实施教学，促进学生智能发展

在英语教学中，教师要尊重学生的主体地位与个体差异性，有针对性地开展分层教学。每个学生的学习水平和学习能力都不同，因此要根据学生的不同能力及水平进行科学的分层。教师可通过阶段性考查来划分层次，但是要注意结合学生的学习兴趣进行分层，不能把成绩作为分层的唯一标准。因为通过成绩把学生分成三六九等，无形中会给学生贴上各种标签，让学生形成自卑心理。分层教学是为了激发学生的学习潜能，但是如果教学方式不科学就会给学生增加心理压力。因此，教师要根据学生的个性化差异进行分组，并且要注重组间的均衡性，让学生在小组学习中能够感受到团队合作的力量，促进学生成绩的提升与学习水平的提高。

教师可安排学习能力比较强的学生作为小组组长，然后让他们带动学习水平比较低的学生共同提高。成绩优秀的学生在辅导别人时也可以提升自己的学习能力，被辅导的学生在这种积极的帮扶中会更加努力地学习。教师要用激励机制鼓励各个小组的学生互相帮助、互相促进，让学生在小组竞争机制的鼓励下不断赶超，在良性竞争中提高学生的英语学习水平，激发学生学

习的主动性，团结起来，共同战胜自我、超越自我。由于学生存在不同的个性差异，因此教师要根据学生的特点来制定不同的教学目标。教师不应当单单以优、良、中、差来评判学生，还要针对每个学生的特点进行针对性分析，有效开发学生的智力，为他们制定科学有效的教学目标，促进学生智能的发展。教师要摒弃以往"一刀切"的教学模式，让每个学生都得到充分重视。教师要运用不同的评价机制对学生进行良性引导，学生在教师的激励性评价中会逐渐找到自信，积极认真地投入英语学习之中。教师也要引导学生对自身学习情况有一个准确的认知，并结合教师所制定的阶段性教学目标进行科学有效的学习。学生在努力完成教师所制定的教学目标时，能够不断超越自我，不断进步。这样，学生的英语学习潜力才会被挖掘出来，从而更加积极主动地去掌握英语知识，并逐渐拓展课外学习内容，让学生获得知识与能力的良好发展。如此这般，原先英语学习能力比较差的学生也不再感到自卑，反而会在不断完成教师所制定的学习目标之中找到自信。

（六）启发学生的智慧，培养学生多方面发展

英语的语言思维与汉语截然不同，因此在教学中教师需要不断引导学生，让学生逐渐具备英语思维。在教学中，教师要启发学生的思维，从重教会转向既重教会又重学会，让学生得到英语思维的训练。同时，改变学生以往被动接受知识的状态，引导他们主动思考、分析，提升课堂效率。

第一，教师要循序渐进地传授知识，让学生有一个接受过程，逐渐提升学习难度。在英语学习中，语法与单词的学习比较重要，单词学习需要学生反复记忆，而语法需要教师在课堂上进行讲解。教师可以充分结合所学的单词与句子，由浅入深地呈现语法知识，帮助学生更加透彻地理解英语的固定句型，引导学生从多方面、多层次掌握知识。

第二，在教学中，教师要善于引导。在班授制教学形式下，班级内有几十个学生，教师一方面要尊重学生的主体地位，把握学生之间的差异性；另一方面也要在教学中兼顾所有学生的学习需求，积极开动脑筋，提升教学的有效性，促进学生全面发展。

（七）构建科学合理的英语教学评价体系

在传统应试教育形势下，中学英语教学以英语词法、句法及语法知识的内容为主，并未真正重视英语的实际应用教育目标。在素质教育背景下，应融入应用型思维，不断优化英语教学模式，首先这需要构建科学合理的英语教学评价体系。中学英语教学目标可改变传统答题正确率高低的评价体系，从英语听、说、读、写等多元角度出发，构建更加多样化的评价体系，不仅需要培养学生对于英语基础知识的掌握，而且还需要注重学生英语实践应用能力的提升。

综上所述，中学阶段是学生学习能力提升与思维发展的重要阶段，在这个教学阶段，教师要根据素质教育的要求积极改变与创新教学模式，根据学生的学习需求，保护学生良好的心理状态，尊重学生的主体地位，根据学生的个性化差异实施分层教学，促进学生学习能力与综合素质的提升。教师要不断启发学生的智慧，培养学生多方面的能力，让学生在原有基础上得到不断发展，从而成长为适应时代需求的高素质人才。

第二章　中学英语教学内容

第一节　语法教学

一、初中英语语法教学的重要性

英语语法在初中英语学习中有着非常重要的作用，没有一定程度的语法知识和语法能力，势必阻碍语音和词汇学习，会影响学生在以后的英语学习中的可持续发展。因此，掌握系统的英语语法知识，英语学习就能达到事半功倍的效果。所以，初中英语教师要认识到语法教学的重要性，要从传统单一的语法讲解中解脱出来，勇于创新，把语法教学渗透听、说、读、写的每一个环节中，使语法教学不再枯燥无味。

二、初中英语语法教学的原则

（一）隐性教学原则

语法教学方法主要分为隐性教学法和显性教学法两种，显性教学法直接明了，将语法规则直接讲述给学生听；隐性教学法则比较委婉含蓄，通过创设情境让学生发挥想象力和创造力，自主归纳语法规则，对学生理解能力要求较高。在传统英语语法课堂教学中，学生感到枯燥乏味的主要原因就是语法练习太过机械化，形式单一枯燥，缺乏趣味性。语法学习对语境要求较高，学生只有置身于语言使用情境中，才能理解语言形式和语言意义，提高使用英语语言与人交流沟通的能力，从而实现英语教学的目标。

（二）意义先行原则

学生在学习一门语言时，注意力首先会放在语言意义上，很少关注语言规则和语言形式。所以，如果我们一开始就将重点放在语法规则的讲解上，很容易挫伤学生求知的欲望，不利于学生学习兴趣的培养和保护。因此，在教学过程中，我们应该首先带领学生感受语法表达的含义；其次，通过创设逼真的语言情境引导学生进行语言交流，加深学生对语法语境的理解；最后，教学语法规则，达到巩固所学知识、提高语言综合运用能力的目的。

（三）语法适量原则

在语法教学过程中，我们要注意控制讲解的时间和量，如果内容过多，不但费时费力，效率低下，还会打击学生学习的热情。因此，我们要遵循适量的原则，注意适时适量，让学生掌握所讲解的语法知识即可。理论知识学习只是第一步，更重要的是实践，所以我们要控制所讲解的语法的量，给学生留出充足的时间去实践，让学生做到学以致用，提高教学质量。

三、初中英语语法教学的开展

对于初中学生学习英语这门学科来说，语法难度比较大，学生经常会在语法方面丢分。所以，教师要注意革新英语语法教学的方法，让学生更加系统全面地掌握语法知识。初中英语教师要注意调节学生英语语法学习的积极性，及时解决他们心理的一些阻碍。不仅学生在学习语法知识时容易走弯路甚至走错方向，教师在开展初中英语语法教学时也非常容易陷入一些误区，需要仔细甄别，小心应对。作为初中英语教师要从语法教学的改革方面多融入一些创新的思想，从学生英语综合素质提高的角度开拓一些新的教学方法。

（一）教师要注意在英语环境中进行语法教学

在初中英语的语法教学活动中，教师如果只是采用灌输的方式，让学生死记硬背一些语法知识，学习的效果一般都会很差，学生很难在真实的语言情境中应用语法，并且在做题的时候出错率也非常高。[①]这就要求教师应系统全面地认识初中英语语法教学的具体要求，要认识到初中英语是一门外来的语言类学科，要真正掌握一门语言需要语言环境，学生学习语法知识也需要在语言环境中频繁地调用，灵活地将语法知识应用在一问一答的真实情境当中，如此才能更好地掌握语法知识。所以，教师可以在课堂中主动进行语言环境的创建，使学生在熟练应用语法知识的过程中变换词汇句型，并做到根据情境的变化灵活选用，从而使语言真正灵动地在语言环境中进行自然的呈现。学生只有熟练运用语法组织词句，才能真正起到沟通交流的目的。

在学习语法时，教师应该避免以往的教学方法或者是单一的教学手段，要增加多种多样的教学情境，让学生在情境中学习，引导学生学习句型及结构，使学生在情境中运用语言材料归纳出语言的规则，在情境中学习以及感知和理解。例如，在教"现在进行时态"的时候，教师可以让学生上讲台前表演，让学生自己任意抽取一张纸条，教师提前写上一些关键词，学生根据纸条上的关键词提示做动作，全班学生进行猜测。通过这样的表演活动，学生参与的热情高涨，而且无形当中也学到了关于时态的语法知识。在语言的实际环境中进行应用，这种方式更能提高学生的学习效果。

（二）用互动的方式进行语法教学活动

互动可以更好地激发学生学习的活力，提高学习效果。初中英语语法教学相对比较枯燥，教师如果采取一些互动有趣的方式进行教学，可以进一步调动学生的学习兴趣，让学生在互动中不知不觉地掌握语法的知识，并且有效地促进他们的语法应用。在进行初中英语教学的过程中，教师应该从传统课堂的主导身份转变成引导身份，充分发挥学生的主体性地位。教师在教授

---

① 左璜.基础教育课程改革的国际趋势：走向核心素养为本[J].课程·教材·教法，2016（02）：33-35.

知识时，也要注意规避以往"填鸭式"教学，坚持"以学生为主体"的教学理念，这样不仅能尊重学生的观点和想法，激发学生的学习兴趣，还能够进一步提升英语教学质量。提升英语教学质量的方式有很多，英语教师要根据教学内容的需要，设计具体的互动形式。最为常见的就是通过课堂提问调动学生积极地参与互动。另外，根据教学的需要，教师也可以组织学生进行角色扮演等活动，充分激活学生的英语语法知识，让他们头脑中曾经学过的语法知识可以在情境活动中得到灵活应用，从而促进知识的激活和迁移。这样的活动对于学生要求比较高，因此教师可以提前把任务布置给学生，让学生有充分的时间进行准备。这种方式不仅能够逐渐培养学生英语语法学习的自信，而且可以让他们熟练掌握语法，提高学生的英语综合素质。作为初中英语教师，要善于设计这样的教学方法，让学生有参与、有互动、有收获，从而在语法的学习中收获更多。

（三）引导学生树立正确的语法学习思维

在初中英语语法教学活动中，教师会发现有很多学生对语法的学习思维不够重视，或者因为在语法学习中经常丢分，不知道该如何做题而产生受挫的心理。很多学生对语法的学习有一些不合理的认识，这些不合理的认识严重影响着学生语法学习的效果。这就要求初中英语教师要端正学生的态度，让学生克服心理上形成的一些不合理的思想，对于语法学习过程中遇到的困难，学生要有正确的认识，只有建立客观且正确的认识才能不放弃，才能在语法的学习中保持冷静并不断进步，从而提高学习语法的自信心。英语教师要注意因材施教，帮助学生解决实际问题，让他们稳扎稳打，逐渐提高自己的语法水平。有些学生虽然付出了很多的时间，但是缺乏正确的方法，教师要教会学生如何进行语法的学习，让他们上课认真听讲，学会做笔记，并且注重积累，从语法的学习中获得更多的价值感。

总之，初中英语语法教学工作的确具有很大的难度，初中英语教师需要带着创新的想法进行英语语法教学，要充分调动学生的学习积极性，帮助学生降低英语语法学习的难度，建构逻辑分明的语法知识体系，在调动学生主动性的同时，提高他们英语学习的效果，使他们能够高效地掌握英语语法知识。所以，教师要加强教学改革活动，提高学生在英语语法学习活动中的成效感，增强学生学习的自信心。

第二节　词汇教学

初中英语是学生学习英语知识的基础阶段，学生在初中的英语学习主要基于小学时期的知识进行深入扩展，将基础知识进行系统化，并且随着新课改的广泛开展，初中英语教学主要针对学生英语学科核心素养的培养，而核心素养的建立能够帮助学生在课堂上有效学习新知识，培养新思维，掌握一定的学科能力，为高中甚至今后的英语学习打下坚实的基础。

一、初中英语词汇教学的重要性

（一）词汇是学科的重要组成部分

词汇是英语学科的基础，词汇教学是英语学科的重要组成部分，是学生学习和发展的关键。词汇的学习主要在于积累、掌握和运用，在学习的过程中增强语言知识和培养语言技巧。词汇教学效果直接关系学科的教学目标的完成和实现。在教学开展过程中，教师必须引导学生认识到词汇的重要意义和重要性，引导学生在高效率的模式下去学习、去掌握词汇，并积累一定的词汇储备。

（二）词汇是学生发展进步的要素

词汇是英语交流的基本要素，是最为基础、不可或缺的组成材料。随着英语使用领域的不断扩大，中心交流的不断深入，交流也得到了更多的关注。进行一个良好的交流基础靠词汇，学生对于词汇的掌握数量和熟练运用程度直接决定了语言交际能力。词汇是语言的基本单位，英语的表达、交际都要通过词汇进行扩展和实现，它作为学生的学习方向之一，对学生的成长和进步都有着至关重要的作用。

（三）词汇是教学开展的基础

初中阶段的英语学习主要以听、说、读、写为教学方向，而这几部分的开展都要基于词汇的教学，学生的词汇量越大，阅读和写作的水平就越高，学生只有掌握一定的词汇，才有能力去听懂和交流。而且英语各个部分的教学开展都依赖于词汇的积累和运用，它对于英语学科有积极的促进作用，是学科的开展基础，为英语学习教学提供了明确的方向和目标。

二、初中英语词汇教学的原则

初中英语词汇教学是一门科学，具有基本的教学原则。这些词汇教学原则贯穿英语教学的始终。教师在词汇教学活动中，这些原则并不是单一地指导自己的教学方法，而是根据实际情况，有时是一个，有时是多个。经过多年实践，笔者认为初中英语词汇教学可以归为以下几个原则。

（一）直观性原则

直观性教学原则是捷克教育家夸美纽斯首先提出的。在词汇教学中，用具体实物直接让学生感知所学内容，使学生得到感性的认识。学生通过具体的实物，把抽象概念形象化、具体化，由此可以减少学习词汇的困难，激发学习的兴趣和热情。直观教学可以培养学生的观察力、自主思考能力，加深其对所学知识的印象和理解。

（二）主体性原则

在英语教育教学实践中，我们认可、重视并坚持学生是学习的主体，强调学生在英语教学实践和认识活动中的地位和作用。在词汇教学中，学生词汇学习能力的形成，其自身的努力是内因，教师的教是外因。教师在培养学生英语词汇学习能力的过程中，一定要坚持以学生为主体的主体性原则。即教师要充分地发挥学生在词汇教学过程中的主观能动性，引导他们正确认识词汇学习的重要性，激发他们的动机和兴趣，帮助他们树立信心，提高抗挫能力；引导他们摸索有效的学习方法，采用科学的记忆方法，拓宽他们的词汇学习和使用渠道，逐步培养学生自主学习能力，提高其词汇学习效率，为其进一步的英语学习夯实基础并创造良好的条件。

（三）实践性原则

现代外语教育主张学生在语境中接触、感受和理解语言，并在此基础上学习和运用语言。实践证明，学生的词汇学习能力主要是在语言知识的学习和语言技能的训练中，通过有目的的学习和习得中不断形成和发展起来的。因此，我们要有专门的英语词汇教学，将词汇学习与听、说、读、写、译等技能训练有机融合起来，在教学过程中因材施教，找到适合学生的教学模式和教学方法，抓住一切机会让学生运用所学英语词汇来再现或表达真实语境，以此提高学生的学习效果。在教师的引导和帮助下，学生积极参与课堂教学活动，通过与教师、同学的合作，找到英语单词的构成方法，进而了解单词的拼读与拼写之间的规律、构词法知识、文化内涵、引申拓展含义、词语搭配等，形成有效的词汇学习策略，发展学生自主学习词汇的能力。

（四）系统性原则

古今中外的教育家推崇教学要遵循系统性原则。《学记》指出："杂施而不孙，则坏乱而不修。"意思是：如果教学杂乱无章，就会陷入混乱，得不到成效。捷克教育家夸美纽斯强调"秩序是把一切事物交给一切人们的教学艺术的主导原则"。现代教学论认为，教学为什么要循序、系统、连贯地进行，是由于教学中传授和学习的科学知识本身具有内在的逻辑联系，学生的智力、认知特征和学习能力都是由低到高、由简单到复杂循序发展的。①

---

① 高洪德.文化意识目标：英语课程的重要发展[J].英语学习教师版，2017（01）：23-27.

因此，英语词汇教学应该遵循客观规律，循序、系统、连贯地进行，以确保学生获得系统的英语词汇知识和对词汇规律性的认识。部分英语教师在词汇教学中存在如下问题：重单词讲解，轻语境运用；重生词教学，轻词汇反复；重单个或批量单词处理，轻话题词汇整体输入；重单词表层意思教学，轻挖掘引申义；重单词集中教学，轻结合语篇学词汇，使得词汇教学呈现"碎片"状态。事实上，词汇教学是一个多视角、复杂、漫长的过程，理应遵循系统性、整体性和循序渐进等原则。在教学过程中，教师要结合初中生的身心特点、智力水平和认知风格，科学指导学生系统掌握英语单词的拼读和拼写之间的关系和规律，英语常见构词法知识，英语单词的意义与汉语意思的联系与差异，常用词语的构成和搭配规律，单词的句法功能以及语用功能。总之，教师在英语教学过程中要将词汇教学贯穿始终，让学生的词汇学习系统化、结构化、体系化，以促进他们将词汇知识转化为词汇能力。

（五）理论指导原则

正确的理论是客观事物的本质和规律的正确反映。理论来源于实践，并指导人们的实践活动。没有理论支撑的教学实践是肤浅的，难以走远。要避免学生词汇学习能力培养和发展的盲目性、简单化和狭隘性，教师应该适时地对学生就如何形成英语词汇学习能力给予理论指导。比如，开设词汇学习方法讲座，针对英语词汇的特点、词汇学习的具体内容、词汇学习能力的形成路径、词汇学习的有效策略、构词法等加以指导。教师以案例的形式加以理论概括，学生更容易理解，并能从教师的指导中得到启发。

（六）层次性原则

学生词汇学习能力的培养和提高要有一个积累的过程，由少到多，由慢到快，不能一蹴而就。教师要遵循学生的年龄特点、心理特征和记忆特点，按不同年龄和学段提出共性要求，也要根据不同学生的个性特征加以个别指导。因此，在实践过程中，教师要根据《义务教育英语课程标准（2022年版）》的目标要求，制定分年级、分学段的词汇学习能力培养目标体系、方法体系和考核评估体系，做到层次分明、目标明确，把学生词汇学习能力的培养落到实处。

三、培养学生英语词汇学习能力的策略

（一）通过多媒体和实物教词汇

随着科技的日新月异，多媒体教学应运而生，尤其是城市学校更有优势，基本上每个教室都装有希沃（SEEWO）系统。多媒体和实物教学方法的实质就是围绕直观性教学原则展开的。作为语言学习，借助多媒体既方便了教师授课，同时生动形象的画面更容易激起学生的兴趣，而兴趣是一切学习的最大动力。现在无论是人教版还是外研社教材，每个模块都有跟教学内容配套使用的大量图片、模型、幻灯片、音频和视频，生动活泼，深受学生喜欢。教师要充分利用手头这些资料来呈现词汇，使抽象的或难读难记的词汇学得容易，记得扎实、牢固。在单词教学过程中，教师可以利用这些直观教具引导学生参与教学活动，直观生动的教具会提高学生的学习兴趣，调动他们的学习积极性，往往在轻松愉快的氛围中，学生就掌握了所学单词，提高了课堂的教学效果，日积月累就达到了提高教学质量的目的。实践证明，在初中阶段，用实物、图片及视频等直观形式教学词汇是切实可行且高效的方法。

（二）以情景教学法教词汇

情景教学法教词汇就是在实践性教学原则和主体性原则综合指导下进行词汇教学。英语词汇的习得最终是为了达到运用的目的。当学生有了一定的词汇积累后，教师要引导他们运用这些词汇进行交流。语言的输出是语言学习的高级阶段，也是最终目标。有效的词汇学习光靠死记硬背是走不通、行不远的。因此，在词汇学习过程中，教师要鼓励学生一起营造良好的学习氛围，创设各种生活情景，使学生仿佛置身于真实的语言运用情景中，进而运用所学词汇完成交际活动。在语言输出过程中，学生必须源源不断地从大脑里再现和调取原来所学过的单词，并准确运用所学词汇进行交际。这种情景

交际法可以使学生在原来输入词汇基础上，再在创设的交际情景中输出。学生语言的运用能力就是通过不断地输出得到进一步提升。一个有经验的教师会根据教材内容合理地设计情景交际对话，做好示范，鼓励学生积极参与教学活动。当学生的能力达到一定程度后，语言的输出可以采取各种各样的形式进行。比如，课堂值日报告、表演对话、课文或短剧、看图造句、写作文等等。情景交际要注意先慢后快，让学生适应和跟上教师的教学步伐。只要坚持下去，学生熟练掌握了这种学习方法，形成良好的英语输出习惯，培养积极的交际意识后，对于英语词汇学习是大有益处的，不失为一种高效的词汇学习路径。

（三）利用上下文的联系教词汇

词不离句。教学中传授和学习的科学知识本身具有内在的逻辑联系，单词是语言学习的最小单位，一个句子就是由多个单词组成。只有用单词组词造句，才能表情达意。初中学生的词汇量有限，做作业和阅读时经常会在句子里出现个别生词，此时查字典只是得到一个独立的、零碎的词义。单词不是用来背的，而是要运用起来表达思想的。只有说得出、写得出句子，才是真正的懂。词汇教学讲究整体性和连贯性，这是词汇教学的系统性原则决定的。如果我们教学生把生词放在一定的语言环境中去理解，通过上下文句意的联系，这个单词在句中的准确词义会很清楚，比起单纯死记硬背一个单词的词义要灵活并容易记得多。因此，教师要鼓励学生通过通读上下文句子来习得单词，这样既学会了单词，又能更好地理解包含这一单词的句子意思。

第三节　写作教学

一、初中英语写作中经常出现的几点错误

（一）单词拼写错误

单词的拼写错误出现的频率非常高，这类错误主要表现在拼写某一单词时出现添加或者遗漏字母的现象。除此之外，单词拼写方面常见的错误还有误用和造词。出现这些错误的主要原因是学生对自己所写的单词记忆不完全或者是写作时粗心大意，另外这与学生的英语语音学习也存在很大的关系。因此，在教学中，教师要对学生的单词学习予以重视，尽量使学生避免出现这类错误。

（二）词汇错误

在英语学习中，动词是非常重要的学习内容。关于动词学生要掌握的内容很多，如时态、语态、形式等方面，也正是因为动词需要掌握的知识点太多，所以学生经常在这几个方面出现错误。另外，汉语与英语的差异也是造成经常出现词汇错误的另一大原因。虽然在英语教学中教师也对一些英语的语言规则进行了概括，但是这种总结概括只能对大部分情况适用，当出现特殊情况时，学生又会出现错误。

（三）语法错误

语法上的错误在英语的写作中很普遍，主要体现在以下几个方面：第一，名词错误。名词出现错误的点主要是在单复数上，出现这种错误的原因可能是教师概括的名词复数规律被学生在写作中滥用；还有一点就是名词的

可数和不可数错误，这个错误在集体名词中更加明显。第二，冠词错误。冠词错误主要体现在混淆定冠词和不定冠词以及零定冠词，从而出现混用的错误。第三，介词错误。介词错误主要体现在遗漏和误用这两个方面。第四，关联代词错误。关联代词错误主要体现在指代不明或者前后使用的代词不一致，还有就是误用的情况。第五，形容词错误。形容词错误主要体现在两个方面：一方面是错误构成形容词的比较级，另一方面是把形容词与副词进行混淆使用，以及与名词的混淆使用等。

（四）汉语式错误

出现汉语式错误的原因很大程度上是英语思维和汉语思维在表达上的巨大差异，因此学生在进行英语写作时经常下意识地受到汉语表达习惯的影响，最为明显的表现就是学生经常用汉语思维去表达英语句子，没有考虑到两种语言之间的差异性，只是生搬硬套，更有甚者直接按照汉语的结构进行翻译。

（五）关联词错误

因为受到母语的影响，很多学生在写作中使用的句子类型比较单一，而且还使用大量的单句，这样就使句子之间完全独立，同时又没有使用关联词，最终导致文章的结构不够紧凑，过于松散。此外，还有的学生在写作中只会用"and"之类非常简单的逻辑联系语，这也会对文章的整体水平产生很大影响。

二、写作常见错误的纠错方法

（一）加强积累，夯实基础

所有的语言都由三个最主要的基本因素构成，分别是语音、词汇及语法。首先，无论想用哪一种语言来表达自己的想法，都必须掌握大量的词汇，这是前提；其次，还要对每个词汇的意思进行准确理解，这是基础；最后，要能正确使用语法写出符合英语表达习惯的文章，这是最终的目的。[①]
为了达到最终的目的，教师必须加强学生在平时学习中的积累，如在平时的
教学活动中出现了重要的词汇、重要的语法点或者精彩的段落，教师就要引
导学生把这些知识点记录下来并熟读背诵。另外，学生在课堂上做了笔记之
后教师不能放任不管，毕竟初中学生的自律性还比较差，因此教师要引导学
生每天都要对课堂上写的笔记进行温习。

（二）整体规划写作训练

初中的英语教师要从初中一年级开始就对学生的写作进行系统性的规
划，制定出科学合理的写作训练内容和方法。英语教师在写作教学中不仅要
巩固和提高学生的基础知识，还要结合自身特点开展丰富多样的教学活动，
这样才能使学生对英语写作产生兴趣，同时还可以通过不同形式的主题活
动，让学生以活动主题为背景进行写作实践。另外，教师在指导学生进行写
作的过程中，要对学生经常出现错误的点进行归纳总结，从而使学生在以后
的写作中避免再出现相同的错误，学生也可以根据自己经常出现错误的点
来调整以后的写作内容和写作思路。这样才能使学生的英语写作水平得到
提高。

（三）帮助学生摆脱汉语思维的影响

在英语最初的学习过程中，学生难免会受到母语的影响，按照母语的表
达习惯进行英语的表达。然而由于汉语和英语在表达方式和思维逻辑方面的
巨大差异，致使学生在英语写作中错误频出，出现了很多所谓的"中式英
语"。因此，英语教师在教学过程中要帮助学生及时纠正这种错误，并采取
一些合理有效的措施来培养学生的英语思维，如多带领学生朗读英语文章或
者在课内外经常组织学生用英语进行交流等。当然，方法还有很多，但无论
采取什么样的方法，只要达到培养学生英语思维的目的都是可以的。

---

① 夏谷鸣.英语学科教学与思维能力培养[J].英语学习教师版，2017（02）：45-48.

（四）注重传授学生写作技巧

在英语作文写作之前，应首先对题目进行透彻的分析，从而明确写作的整体框架和写作的具体要求。每篇作文都会有具体的要求，只是这些要求的表现方式不尽相同，常见的有文字说明、图画说明、人物对话说明等。因此，教师首先要传授学生审题的技巧，在写作前一定要明确出题者的真实目的，这也是接下来选用什么样的格式及表达怎样的中心思想的基础。此外，列出提纲也是写作文的一个很好的辅助性手段，它不仅能够帮助学生布局谋篇，还能够使学生在写作时围绕提纲更好地表达出中心思想，并且能够帮助学生构建出合理的时间顺序和空间顺序。

综上所述，虽然现阶段初中学生在英语写作中存在很多不足，但是还有很多改进的方法可以帮助他们提高英语写作水平。初中英语教师要根据实际情况，不断总结出合理有效的措施来提高教学效率。此外，学生们在平时的英语学习中不仅要多动口，还要多动手，要注重积累自己的基础知识，并坚持进行写作训练，只有这样才能使自己的写作水平得到提升。

第四节　阅读教学

众多的教育教学实践表明，在英语教学过程中，如果教师重视阅读教学，并教给学生正确的阅读方法，就可以有效扩大学生的词汇量，丰富学生的语言积累，从而进一步提高学生的阅读能力和口语交际能力，为学生今后的英语学习打下坚实的基础。同时，纵观近几年的中考题型，阅读理解一直都是其中的重头戏。由此可见，在实际的英语教学过程中，广大英语教师一定要提高认识，积极引导学生从阅读过程中体验英语的乐趣，帮助学生树立学好英语的自信心，真正提升学生的阅读理解能力，进而为提高学生的学习成绩"增砖添瓦"。

一、初中英语阅读教学的方法

（一）差异性分层阅读教学

对于初中的学生来说，日常的教学主体为学生，因此需要采用差异性分层教学方法，根据不同学生的特点，采用差异性针对教学。一般来说，英语学生的差异性分为三类，第一类就是英语基础扎实的学生，对于这类学生需要引导其掌握语言技巧，不断提升学生的学习能力。第二类是学习成绩一般，英语知识基础普通的学生，对于这类学生需要以提高学生的理解能力为根本。第三类学生就是基础薄弱的学生，需要让学生通过反复的学习和阅读，深入理解阅读的内容，提高学生对所学知识的掌握与理解深度。

（二）提高阅读技巧的教学水平

在进行初中英语阅读教学的时候，需要逐步提高阅读技巧的应用，发挥出阅读技巧的重要作用。一般来说，阅读技巧本身的作用是巨大的，可以提升学生阅读过程中对所读内容信息的理解深度，提高学生的学习动力。初中阶段的英语教学所学的英语知识较为简单，但是由于学生的语言知识基础薄弱，教师需要引导学生深入学习各种阅读技巧，让学生由浅入深地进行英语阅读，提高学生的阅读速度，合理应用各种各样的阅读技巧，寻找关键词和关键句，实现阅读水平的全面提升。

（三）丰富学生的知识面

阅读教学的根本目的是提升学生的学习能力和阅读能力。在开展阅读教学的时候，注重的是学生基础知识的积累，应用合理的阅读方法。但是从根本上来说，英语阅读学习需要逐步丰富学生的知识面，保障学生能够掌握更多的单词，引导学生自主地进行学习，深入地了解所学知识的内涵。教师可以利用微信等方式建立英语阅读教学平台，实现对学生的全面引导，让学生充分利用课余的时间学习到更多的知识。丰富学生英语知识面的同时，还要提高学生阅读的有效性，教师需要为学生创设良好的英语阅读环境，为不同的学生制定不同的学习方式。

（四）兴趣教学，养成良好的阅读习惯

英语阅读教学工作的开展，需要逐步激发学生的良好阅读习惯，让学生逐步认识到英语学习的重要性，逐步喜欢英语阅读，激发学生的学习动力。兴趣教学具有十分重要的作用，可以让学生养成良好的阅读习惯，逐步在阅读中获得成就感，获得快乐的阅读感受，提高阅读的速度。在进行初中英语阅读教学的时候，教师需要重视学生兴趣教学的培养，让学生从被动的学习逐步转为主动学习，提高学生的学习有效率。

从我国目前初中英语阅读教学情况来看，虽然给予了充分的重视，但是教学的情况并不理想。为了充分发挥出英语阅读教学的重要作用，需要从学生入手，采用差异性分层教学的方式，提高学生的阅读管理针对性。[①]对于英语阅读中所需要使用的各种各样的阅读技巧，要给予充分的教学和传授，以确保学生充分应用这些相应的技巧。在日常课堂教学工作开展的同时，需要丰富学生的英语知识面，利用丰富的英语知识培养学生良好的学习兴趣，使学生养成良好的学习习惯。教师可以通过微信等网络平台，构建英语阅读平台，提高学生的学习兴趣，丰富英语阅读学习路径。

二、初中英语阅读教学课堂环境构建

因为学生的成长背景和生活经历都不同，所以不同学生的学习能力和水平也不一样，学生整体水平参差不齐，一些学生基础知识比较差，对于英语的词汇量掌握和语法知识的掌握有一定的局限性。在教学中，教师需要创设整体性的课堂教学环境，让全体学生处于同一个教学环境中学习相关知识。

（一）立足课本创设良好的教学环境

初中英语教师在阅读教学中要充分使用教材上的课文来创设良好的阅读

---

① 王坦.论合作学习的基本理念[J].教育研究，2020（01）：33-35.

环境，以此培养学生的阅读能力，提升学生的阅读理解能力。学生在课堂学习中经过对阅读文章的分析，可以对作者写这篇文章的目的，还有想要表达的观点等进行深入掌握。教师还需要让学生进行换位思考，让学生用丰富的联想来加强对课文的理解。

在实际教学中，教师要创设出一种轻松的、能激发学生强烈求知欲和自主学习的教学氛围，以此培养学生的自主学习能力。同时，教师要增强学生在学习中的主体意识，实施有效的以学生为主体的语言实践教学活动，让学生有效地进行自主学习。另外，教师在教学时要依据学生学习能力和自控能力的差异情况，合理选择切入点，进行持续不断的培养和培训教学。在教学时，教师还需要将学生的立场作为切入点，帮助学生消除抵触英语学习的情况，端正学生的学习态度，使其养成好的学习习惯，并且让学生依据自己的学习情况认识到自己学习中存在的问题，从而调整学习方式和计划，提升学习效果。

（二）掌握学生的阅读心理，了解学生的阅读需求

初中学生在刚刚接触初中英语知识内容时，因为其中的内容相对较难，所以存在一定的抵触心理，使其在掌握新知识和新技能时总是处于被动状态。在面对一篇新的阅读材料时，学生最先熟悉的不是里面的一些词汇和语法，而是对整篇文章产生的最深印象，如文章中一些描述性的语言。学生在阅读中代入自己的情感和思想，经过多次阅读，可以加强对阅读材料的理解。

在初中英语教学中，教材上的一些文章主要是围绕章节的主题展开的，课文的数量不多。不同学生对阅读材料的理解能力不同，若是只将课文作为材料来培养学生的阅读能力是远远不够的，所以在创设阅读环境时，教师要让学生多接触一些课外读物，以此来补充教材中阅读材料不足的问题。

在实际教学中，教师可以使用一些和日常生活联系紧密的、科普性的、思想性、趣味性较强的阅读材料，也可以给学生介绍一些简单的英汉对照读物。通过这种方式，英语教学不再局限于教材上的阅读材料，丰富了课堂教

学内容，从而创设良好的阅读教学环境。学生经过每天的阅读，从简单的阅读材料开始，逐渐接触一些比较复杂的文章，在此过程中，学生的阅读兴趣会得到一定的提升，阅读能力也会加强。经过大量的阅读，在积累丰富词汇和语法的同时，也扩大了学生的视野和思路，从而掌握英语的表达方式。

（三）创设合适情境，引导学生积极参与

在多媒体技术发展进步的当下，教学方式和手段也得到了创新。在英语阅读教学中，教师可以使用多媒体技术增强阅读教学的趣味性。

在阅读教学中，教师可以播放一些与课堂主题内容相关的视频或英文歌曲，用这种创新方式来改善传统阅读教学的局限性，进而调动学生的积极性，使其愿意参与教学活动中，增加学生丰富的情绪体验，激发学生阅读的兴趣，使其养成良好的阅读习惯。另外，教师要将学生作为主体来设计教学方案，在教学过程中启发引导学生，使其可以感受到阅读的乐趣。

在英语阅读活动中，教师需要掌握活动实施的技巧和方式，使用合理的教学方式可以达到事半功倍的效果。同时，在选择情境教学时，教师要注意将主题与英语教育相结合，英语教材中的一些语法和词汇等也需要在阅读材料中多次出现，以此来巩固学生所学的内容。

（四）读写、读说相结合

除了阅读之外，写也是英语教学中的关键内容。词汇是语言的基础材料，是语言活动的前提。学生除了要掌握教材上的词汇以外，还需要综合构词法中的转化和合成等方式，以此扩展词汇知识，使其能够灵活使用各种方式，在初步认知字词之后把阅读和写作结合在一起。

在教学实践中，教师可引导学生将自己的生活和学习感受使用在写作之中，以此突显学生在学习中的主体地位。教师将读和写结合在一起，在课堂上创设实践性强的教学环境，学生可以在此过程中提升自己的阅读和写作能力。

除了把读与写结合在一起之外，教师还需要引导学生将读和说结合。在实际教学中，教师要让学生自己选择文章或是段落，引导学生进行欣赏，并在课堂上阅读和讲解。在教学过程中，让学生掌握相关的阅读技巧，可以在英语阅读教学中实现事半功倍的效果。这种方式可以帮助学生对英语产生阅读兴趣，并且有利于学生学习语言知识及学生口语表达能力的提升，是培养学生自主学习能力的有效方式。

阅读教学是初中英语教学中的关键内容。教师在阅读教学中要创设良好的课堂环境，使学生通过掌握阅读要求，将读、写、说相结合的学习方式融入课堂阅读教学，提升阅读教学的趣味性和有效性，从而实现英语教学目标。

第五节　听力教学

英语学习仅仅是为了应付考试，满足升学的需要，因而学生每天只顾着记单词、背课文、做试卷。教师和学生长期的不重视，使得初中英语听力教学的成果不尽如人意。基于此，本节简要论述在新课程改革的大背景下如何有效地进行英语听力教学，希望能对广大教学工作者有所帮助。

一、开展听力教学的重要性

（一）帮助学生丰富词汇

单独孤立的词汇不容易记，而句子、文章都是有情节的，将单独的词放到句子里，既方便同学们记忆词汇，又能使其充分理解该词的意义和用法，能够有效地扩大学生的词汇量。

（二）提高语言表达能力

要想提高学生的语言能力，与听力练习密不可分。在平时的教学中，教师如果能够重视起听力教学，鼓励学生多听、多说、多练习，注意语音、语调的正确性，并及时纠正学生的口型和舌位，必定能使学生的逻辑语言能力和英语素养得到很大的提高。

（三）培养学生的英语语感

所谓英语语感，简单来说就是学习者对语言的感受能力，是构成一个人英语素养的核心因素。语感对学好一门语言有非常重要的作用，而只有通过大量的听力练习和语言实践，不断地积累语言知识，才能进一步体会语音、语义、语调及语气，从而加强对语言的整体感知，形成良好的语感基础。

二、初中英语听力教学方法

（一）培养学生的良好听力习惯

初中学生在学习英语的过程中由于接触英语的时间比较短，学习英语也没有定性，所以在这个过程中教师需要培养学生良好的学习习惯。随着新课程改革的不断深入，听力教学成为英语教学的重要组成部分，并在高考英语中的比重不断增加，而初中相关知识的学习是为高中学习打基础的一个阶段，所以在初中英语听力教学中，教师首先需要培养学生良好的听力习惯。首先，学生在听力材料播放之前要集中精力，将相关听力材料中的选项进行认真地阅读；其次，需要根据听力材料进行简单的记录，将听力材料中出现的数字、地点、时间、人物等相关的单词记录下来；再次，在听力材料结束之后，根据相关问题选择适合问题的选项；最后，在做选择的时候，一旦听力材料播放完毕，就需要及时地根据自己的理解做出判断，不可以因为自己没听懂就将这个选项搁置，或者是犹犹豫豫，耽误时间，错过下一题。对于初中学生来说，想要培养良好的听力学习习惯，不是一天两天可以做到的，而是需要长时间的锻炼和练习。首先学生要从听单词开始，其次到词组，最后到句子，一个阶段一个阶段地进行，慢慢提高学生的听力水平。

（二）营造适合的听力语境

就目前来说，由于初中学生在英语听力学习中存在较多的问题，所以针对学生存在的问题，应为初中学生创设适合的听力语境，首先教师在教学的过程中需要结合学生的实际情况尽量使用英语进行教学，这样在实际教学的过程中，可以为学生提供一个良好的语境，不仅有利于学生接受听力练习，而且学生在日常英语学习的过程中，还可以根据教师的读音对自己的英语发音进行纠正。[①]除此之外，教师在日常英语教学中还可以积极地组织学生开展课堂活动，让学生在相互交流沟通中加强对英语口语的练习，这在一定程度上也培养了学生的听力。通过这种方式，学生能够用英语表达自己的观点，同学之间纠正发音，不仅加强了学生之间的交流沟通，而且有利于让学生感知英语听力学习语境。在听力教学的过程中，教师可以利用现代化的教学手段，如多媒体，通过视频或者图片以及音频等播放与本节课听力练习有关的内容，提高学生学习听力的兴趣，而且在相关视频内容的播放中可以为学生提供适合的听力语境，摆脱了传统英语听力教学存在的问题，将学生放置在简单的语境中，还可以让学生来模仿或者扮演视频中的人物，通过学生之间简单的交流沟通，提高学生的听力水平。

（三）注重对学生心理素质的培养

由于初中学生的年龄较小，心理还不成熟，想要提高学生的听力水平，拥有良好的心理素质对学生来说是非常重要的。而想要注重对学生心理素质的培养，首先要从听力训练阶段开始。一是教师在听力教学的过程中，要树立学生学习听力的兴趣和自信心，一旦学生在听力练习过程中出现问题，就要积极地鼓励学生，不要让学生在听力学习中产生畏难的情绪，还没学习就认为自己学不好。正因如此，我们更应该鼓励学生积极主动地投入听力学习中。二是加强初中学生英语听力锻炼和练习，只有不断练习才能够提高学生的听力水平。三是教师在教学的过程中需要为学生营造一种快乐学习的氛

---

① 郭成.课堂教学设计[M].北京：人民教育出版社，2006：178.

围，学习英语应该是很快乐的事情，而不是学生学习的负担，不要让学生一想到听力课就感到烦躁，而听力成绩的提高需要学生长时间的坚持。

（四）优化听力教学方式

对于初中学生来说，在英语听力教学中存在着较多的问题，尤其是在短时间内很难提高学生的听力水平。根据相关的实践发现，初中生英语听力学习的过程中有很多因素影响其听力水平的提高，如基础知识、语音、词汇等各方面原因的影响，而想要提高学生的英语听力水平，教师就必须不断地优化听力教学方式，锻炼学生英语听力学习的能力。例如在实际教学中，教师可以根据学生听力学习的实际情况，为学生总结几种适合学生学习的听力学习方式，并在实际听力练习的过程中进行应用，让学生与自己的学习情况进行协调，更好地促进学生听力成绩的提高。

本节主要针对初中生英语听力学习中存在的问题进行分析，针对其存在的问题，立足学生成才的基础上，结合学生学习的实际情况，提出改进的措施。希望通过本节的阐述，可以为初中英语听力教学提供一些建议和借鉴，提高学生的听力水平和能力。

第六节　口语教学

听、说、读三者紧密相连，英语的学习从听开始，到读，到最后的开口说，一整套的流程非常重要，但是现在却卡在最后一个说的环节。因此，解决学生口语表达中存在的问题，实现语言知识到语言能力的转化十分重要。

一、初中英语口语教学的重要性

（一）英语口语与自信心

口语教学的本质是让学生全面地使用他们学到的英语知识，同时用语言表达。这对于一些比较害羞的学生来说，其实压力是比较大的。也正是这个原因，在英语口语表达训练中，如果能够对这部分"不敢说"或"不想说"的学生给予适当的指导，让他们敢于用英语将自己的想法表达出来，树立说的自信心，这就是教育的进步，而英语口头表达的魅力也在于此。在教学开始时，也就是说，在学生刚上初中一年级时，教师就专门花一些时间来训练学生的口语表达能力，对于日后英语教学开展都是十分有利的。

（二）英语口语与课堂气氛

不仅是英语这个科目的教学，所有初中各学科的教师也有共同的疑问，那就是无论教师如何对知识的重要性反复介绍，学生对学习的兴趣仍不大。学生消极的表现直接导致教师的热情下降，导致教学质量下降。在英语课上，如果可以在整个课堂上营造一个充满说英语的教学环境，使得每个学生都可以参与到教学当中去，这对调整课堂气氛是非常有益的。从某种意义上说，如果英语课堂要呈现出不同于其他学科的课堂教学形式，那就必须在英语口语中做出巨大努力，以展示英语学科的魅力。

二、初中英语口语教学方法

（一）营造英语口语氛围，培养学生说的意识

在英语的语言环境中进行英语学习，对于中国的学生来讲不能完全实现，这体现在日常生活中，不能随时随地用英语与别人进行对话和沟通。另外，英语和中文也有着很大的不同，学生在学习时容易产生混淆，在这两个条件的作用下，学生对于学习英语的兴趣会逐渐减退。我们知道，语言的发生和发展需要一定的语境，离开语境，学生的语言学习只能称为"死学"。初中英语主要学习的是日常交流常用语言，因此，在课堂授课时教师可以利

用英语为学生营造良好的学习氛围，为学生创造一个"纯粹"的英语环境，鼓励学生感受英语语言魅力，并产生说的兴趣和学习的欲望。

（二）强化教师的教学能力，提高教学方法的有效性

教师作为英语口语教学的主导者，对学生的影响是巨大的。因此，教师要不断提高自身的教学能力和水平，强化自身的专业素养，从而更好地发挥引导作用，帮助学生提高口语表达能力。例如，教师可以利用互联网进行自我培训和学习，针对教学内容做好教学备案，通过浏览一些英语新闻、英语时政等内容提高自己的创新能力；借鉴一些国外的先进教学经验和科研成果，提高自身的专业水平，从而选择最佳的教学方法，为口语教学打好理论基础。

（三）重视拓展学生口语训练的维度

在初中英语教学中，口语以"说""听"为基础。在具体教学中，教师应积极拓展学生的口语训练维度，为学生提供更多的训练平台，避免单一训练模式对学生口语学习造成严重的阻碍。在训练的过程中，要以词汇的积累为基础。教师引导学生掌握积累词汇的方法，对于提高学生的口语能力具有重要意义。此外，很多英语口语在表达上存在歧义，教师也要重视此类口语训练，尽可能拓展学生口语训练维度，为口语教学创造良好的环境。

（四）强化英语口语课堂教学管理

针对口语教学中学生兴趣不足的情况，教师应引导学生开展实际的教学活动，强化课堂教学管理。首先，在课堂口语教学中，教师应做好示范，在情境构建的过程中为学生提供准确的示范，基于示范开展口语教学工作。[①]其次，基于活动的开展，教师应科学组织，重视活动的有序性，提高学生的可操作性，使其与教学目标相契合。最后，教师要做好反馈工作，针对学生的表现给予正确的指点，并给予部分学生鼓励。

---

① 郭晓丽.合作学习策略之我见[J].青少年日记（教育教学研究），2013（11）：76-79.

（五）加强课文的模仿朗诵与背诵

对于学生英语学习初期来讲，模仿是一项很重要的技能。因此在口语训练初期，有些学生的英语单词的发音及句子的语气是升调还是降调都尤为重要。然而，学生并不是很清楚掌握，所以要求学生在口语学习时，以课本教材为依据，多次重复跟着课本上的发音去模仿训练，逐渐形成自己的语感。为更好地将英语口语提升上去，除了模仿英语教材中一些句子短文的发音，还可以看有关的视频，配合相关的动作，使学生的英语代入感更强，达到纯正的外国人的发音标准。为激励学生更好地将口语训练质量提升上去，教师还可以对一些模仿得好的学生进行一定的奖励，以此激发学生英语口语训练的力度。

总而言之，要提高初中英语口语教学有效性，教师就需要不断地提高自身的学习能力，学习新型的教学方法、教学理念，重视提高课堂参与度、拓展口语训练维度、培养语感层次性、强化课堂管理。新课标背景下，教学应以培养学生的综合素质为目标，在口语教学中重视学生应用能力、表达能力的培养。

第七节　翻译教学

翻译教学是初中英语教学的重要组成部分，不但能够调动学生学习英语的积极性，使学生开动脑筋，正确运用所学语法和词汇组成句子，还能增强学生理解英语和书面表达的能力，有助于学生巩固所学的语法和词汇知识，引导学生主动解决在英语学习中遇到的问题。

一、英语翻译教学的作用

（一）扩大学生的词汇量

掌握一定的词汇是学习英语的重要前提，学生只有在掌握了大量英语词汇的基础上，才可以运用英语与他人进行顺畅的交流。通过英语翻译训练，学生可避免机械、单纯的单词记忆带来的副作用。学生通过正确的英语句式，将所学的词组和单词连接起来，可更准确地掌握单词含义，也可以利用翻译的方式对所学的语法、单词和短语进行复习，强化对所学词汇的巩固和理解，以便在今后的学习过程中更加熟练地运用已经学过的词汇。

（二）促使学生掌握语法

学生学习英语困难的一个重要原因是缺乏英语语法知识。例如，有些学生没有掌握英语的时态结构，在阅读时不能准确理解英语语句的含义。而利用英语翻译训练，可帮助学生补齐这方面的短板。在进行翻译之前，教师可以先帮助学生分析英语时态的构成，然后学生可结合不同的时态翻译句子，在这个过程中加深对英语语法的理解，奠定英语学习的基础。

二、初中英语翻译能力的培养

对于英语翻译的培养应该用正确的方式，笔者将其归结为以下几点。

（一）提高学生词汇的积累量

词汇积累并不是盲目单词化，而是要根据记忆单词的规律，通过词根法、联想法等方法对单词进行整理并记忆，还可以在单词中加入其他元素从而更方便记忆，也可以根据学生个人对记忆的不同方法进行记忆。另外，选择合适的时间去记忆单词也是至关重要的，这当然要选择头脑最为清醒的时刻。按照科学家的研究，在每天起床以及睡前的记忆能力是最佳的，所以学生要充分利用最佳的时间段、最充沛的精神去背诵记忆。

（二）提高英语语法的学习

英语语句的结构不同于汉语的语言结构，而英语的语法学习是最为枯燥的，但却又是英语翻译的重点之处，倘若语法学习上不足，就很容易陷入直译之中，也就是所谓的中式翻译，所以在英语初级阶段，在学生对英语还保持着兴趣的情况下应重点进行语法教学，但必须是循序渐进的方式，中间加入些许趣味让英语语法更加生动的展现。

（三）英语翻译要注重实践性

翻译不仅仅源自书中，还可以来源于生活及周围的一切，不能局限于书本内容，只有与生活实际相互联系，才能获得理想的学习效果。[①]再者，课堂上学习英语的时间少之又少，更多的是学生课后练习的时间，这就需要将英语翻译运用到生活中，哪怕是在行走的路上对一块简单的英语广告牌进行翻译，这也是一种对英语翻译的练习。所以，英语翻译要注重与生活实践相结合，当然书本上的翻译是学习的基础，在课后也需要进行不断地练习，只有通过在课堂内外不断地练习和磨炼，才能达到学习英语翻译的理想效果。

（四）阅读与翻译学习相结合

在初中英语教学中，教师要懂得将英语阅读及翻译相互结合，在阅读中培养翻译能力，在翻译中提升阅读能力。教师可以引导学生在阅读英语文章的同时分析其中长句，对其结构等进行详细的讲解，让学生主动翻译，并进行修改与鼓励，增加学生对英语翻译的信心。而在教师讲解课文的同时，应从课文中选择相对简单的语句让学生进行翻译，从简到难进行，让学生逐渐掌握翻译的方法与技巧，让其翻译逐渐变得更加标准与符合要求，使得阅读、翻译共同进步。

对于初中学生英语翻译能力的培养，是一项为了学生在以后的英语学习路上能够更加顺畅的重要任务。而在初中英语翻译教学的实践中，教师需要

---

① 陈安定.英汉比较与翻译[M].北京：中国对外翻译出版公司，1998：34-36.

不断探索，结合众多学生的学习习惯，并结合实际，用理性的、创新的方式对学生进行合理的教学，从而极大地提高学生初中基础英语翻译能力，实现初中英语翻译教学的逐渐优化。

第三章　中学英语教学设计

第一节　英语教学设计的原则

一、主体性原则

主体性原则就是教师在设计编写教案时，必须注重学生的教学主体地位，把学生作为真正的教育教学主体，把学生主动、健康、全面的发展作为英语教学的出发点和终极归宿。英语教学过程中的一切措施和方法，以及为英语教学服务的一切环境和条件，都要以学生的个性充分发挥和全面发展为核心而进行设计。坚持主体性原则，关键在于教师教学理念的改变。要转变传统的权威式教学观念，教师首先要讲求民主，变教师的讲堂为学生的学堂与教师的讲堂相结合的有效课堂，体现学生的学习主体地位和教师的教学主导地位。教师要变片面的知识传授为既有知识的传授又有能力培养相结合的有效课堂，体现新课标的要求，实现素质教育的目的。通过科学的教学设计，有助于变学生的学习负担为学习的乐趣，让学生从沉重的学习和课业负担中解放出来，培养学生的英语学习兴趣。教师在初中英语教学设计过程中，要充分考虑学生的主体性作用，充分发挥学生的主观能动性。

教师在初中英语教学过程中应注重培养学生的独立性和自主性，引导学生质疑、调查、探究，在实践中学习，促使学生在教师指导下主动、富有个性地学习。目前，"学生主体、教师主导、发展主线"的"主体性教育"思想已被许多教育工作者所接受。因而，初中英语教学设计必须遵循学生的主体性原则，充分考虑学生的主体性作用。为了促进学生的全面发展，应科学设计英语教学活动，从而构建多维互动的教学模式。

在初中英语教学设计过程中，教师要考虑到学生主体的个体差异，因材施教。教师在教学过程中应尊重学生的人格，关注学生的个体差异，满足不同学生的学习需要，创设能引导学生主动参与的教育环境，激发学生的学习积极性，培养学生掌握知识的态度和能力，使每个学生都能得到充分的发展。因此，在初中英语教学过程汇总中，教师要保护学生的学习兴趣，探索因人而异的教学方式。教师在英语教学设计中要全面了解学生，承认并关注学生的个体差异，发现每个学生的独特性，这是基本的前提。

正是由于学生在思维能力、接受能力等方面存在个体差异性，也就决定了英语教学不能采取"一刀切""齐步走"的方法。在初中英语教学中，教师要从学生实际出发，承认学生中存在的差异，因材施教，发挥每个学生的优势，帮助学生树立自信，使每一位学生的创造力都得到充分的发展。例如，在开展综合实践活动课时，教师应根据学生的个体差异性，设计丰富的教学方法。对于程度差的学生，教师要给予引导、帮扶和点拨，必要时还要给予示范和释疑。教学设计主要由教师进行，而每个教师又有自己的教学风格和特色，所以在教学设计上就会有明显的差异性。另外，教学中教师面对的是一个个不同的学生，他们无论在智力还是能力方面都绝对不相同，对于同一内容的理解也会不相同。因此，教师在教学设计时要照顾到学生的特点，遵循差异性原则，以学定教，不能整齐划一，应该处理好预设与生成的关系。

学生的英语学习过程必须在教师的指导下进行，教师作为教学活动的组织者，要充分发挥对学生的指导作用。教师不是简单地把知识传授给学生，而是要把"建构知识"的主动权传授给学生。正所谓"授人以鱼，不如授人以渔"，教师在英语教学过程中不仅要传授给学生英语知识，而且要教会学生方法，培养学生正确的态度和学习习惯，使学生在智力、情感、意志、性格等方面得到全面健康的发展。所以，所谓的"教为主导"并不是简单地以教师为中心，它必须是以确认学生的主体地位为前提的"主导"；"学为主体"也并不是单一地以学生为中心，它必须是以充分发挥教师的主导作用为前提。"教为主导"和"学为主体"二者之间是辩证统一的，有效的教学必须正确地处理好两者之间的关系。

在初中英语教学中，教师既要传授给学生基本知识，又要全方位地培养学生的能力，使学生不断提高英语听、说、读、写的能力。教师只有真正地把学生当作课堂的学习主体，学生才能够真正地由"我学会了"转变到"我会学了"，从而才能实现"导"与"学"的最佳结合，达到教学互补、教学相长的目的。教师在进行初中英语教学设计时，必须注重学生的教学主体地位，把学生作为真正的教学主体，把学生的全面发展作为初中英语教学的出发点和最终归宿。

二、指导性原则

英语教学设计是在一定的思想指导下遵循一定的规律进行的。它应该是可操作的，有具体的操作步骤，在实际教学中能够指导教学实践，保证英语课堂教学正常有序地进行。随着素质教育的实施，"以学生为主体，以教师为主导"的教学理念逐渐深入人心，教师和学生在教学中的地位发生了根本性的变化，还原了学生的主体地位。学生是学习的主人，教师是学生学习的组织者、引导者、指导者，在初中英语教学设计中，教师应提高对学生学习方法指导的重视。

学习方法的指导是学生自主学习能力培养的核心因素，所谓"磨刀不误砍柴工"，方法技巧的掌握使得学生的英语学习过程事半功倍。有关学习方法的知识是学生知识体系中的重要组成部分，也是学生能力结构中的重要组成部分。学习方法的指导是教师教学内容和教学任务的重要部分。重视学习方法的指导，是教师教会学生学习和学生学会学习的前提和保证。因此，在初中英语教学设计中，学习方法的指导思想要贯穿始终，教学设计中应包括必要的学习目标的设计、重点难点的提示、学习方法的总结归纳等，形成一条清晰的学习思路，一条明晰的学法线路。随着学生知识体系的建构，学习方法的知识体系也会逐步构建起来，并形成一个科学完整的体系。①一旦这种科学完整的学习方法体系建构起来，学生也就掌握了学习的基本规律，领会了学习的门道，为学生发挥自己的聪明才智提供和创造了必要的条件。

三、层次性原则

在初中英语教学设计中，教师设计的问题难度、提出方式、情景及媒体设计等必须适应学生的心智发展水平。学生心智发展的现有水平是进行英语教学的客观基础，离开了这个基础或超越了这个发展水平，教学活动必然是盲目的、徒劳无功的。心智发展水平包含两方面的内容：一是学生的身心发展水平，特别是心理发展水平；二是学生现有的知识、经验和技能，特别是系统的科学知识已经达到的水平。人类的心智发展具有顺序性、阶段性和连续性等特征，正确认识这些特征十分重要。因为英语教学在每一阶段实施的任务和方法，都应该与这些阶段学生的心智发展水平相适应。学生心智发展的顺序性告诉我们，教学要循序渐进，要根据学生心智发展的不同水平创设相应难度的问题。学生心智发展的阶段性告诉我们，在问题的难度和采用的教学方法上，必须区分学生不同发展阶段的心智水平的不同层次。心智发展的连续性则是"最近发展区"理论的客观基础，它向我们揭示了教学内容适应"最近发展区"的重要性。那些低于学生原有心智发展水平的问题，使学生觉得过于简单，失去了探究和学习的兴趣；而高于学生原有心智发展水平的问题，不但不能促进学生英语能力的提高，而且容易使学生产生挫败感，从而降低学生学习英语的兴趣，影响其英语综合能力的发展和提高。在英语教学中，教师要向学生提供在其能力范围内的又稍微高于学生现有心智发展水平的问题，使学生通过努力学习，不断提高英语水平。

坚持初中英语教学设计的层次性原则，要求教师在认真分析学情（学生的认知特点、规律和已有的学习经验）的基础上，结合对教材的分析研究，在教学设计的过程中体现学案内容的层次性和梯度性，体现因材施教、分层

---

① 刘新阳，裴新宇.教育变革期的政策机遇与挑战[J].全球教育展望，2014（04）：35-38.

教学的理念，不断提高英语教学质量。教师的教学设计要力求让学生在"最近发展区"内去主动学习和获取知识。教师在进行英语教学设计时，应首先考虑其教材知识的层次性和学生个性的差异性，导学导练部分更应当根据学生的实际情况以适当的梯度的形式进行。梯度导学包括基础知识的导学、基本技能的导学和思维创新的导学。梯度导练包括基础知识的导练、基本技能的导练和思维创新的导练。因此，教师在认真研究学情和知识内容的基础上，要注意知识与问题设计的梯度与层次，结合初中学生的基本心理特点，巧妙设置教学情境，循序渐进地引导学生向未知领域进军，逐步解决学生的"最近发展区"的学习要求与"现有发展区"的知识水平之间的矛盾。这种矛盾不断得以解决又会不断出现，学生可以在这种矛盾不断解决和不断出现的循环往复的学习过程中，不断建构自己的英语知识体系，不断提高英语能力。

每个学生都是独立的个体，同时他们又是一个共同体，这就要求教师在教育教学过程中既要重视学生的个性，又要重视学生的共性。具体表现为既注意对共性的全面培养，又要注意对个性的充分发展，特别要重视对创新思维个性的培养和发展。学生个性表现差异很大，许多优秀的品质往往被学生的个性差异（顽皮、任性、内向等）的现象所遮蔽，因而学生许多优秀的品质得不到教师及时的刺激和强化，得不到教师及时的赞赏与肯定。所以，教师应当在注重学生整体素质培养的同时，注重培养学生良好的个性心理品质，使学生在整体素质不断提高的基础上，充分张扬自身的个性，使其创造个性得到充分发展。

四、创新性原则

初中英语教学设计要突出学生基本英语素养和思维能力的提升，特别是要历练学生的语言思维能力，促进学生听、读、说、写能力的全面发展。这就要求初中英语的教学设计要坚持创新性原则，鼓励学生自主合作探究英语知识，通过自主合作探究的学习方式，唤醒学生的创新意识和能动性，为学生的终身学习和有个性的发展奠定基础。

所谓的创新性原则，在初中英语教学中主要表现为两方面的创新，一是教师的教，二是学生的学。教师教方面的创新，首先为英语教学观念的创新，只有先有教师创新地教，才有学生创新地学。所以，新时代的英语教师不仅仅是一个合格的教书匠，更应该是一名教育的改革家。教师的教，只要有变动，只要有变革，只要有教学方法的新尝试，就是对过去教学活动的思考和反思，就是对新的教学方式的向往和追求。不管教师的教学尝试创新是否成功，结果并不重要，关键在于创新过程。教师的教学必须有创新意识，同时也应善于营造一个有利于创新能力培养的民主和谐的教学环境。学生学的方面的创新主要表现为，浅层次的学习方法的变革与创新，以及深层次的学生创新思维能力的训练与提高。当然，学生学的创新有待于教师教的创新的先行，以及教师教的创新的胜利成果。

坚持创新性原则，要求教师在教学过程中尽可能地采用多种形式的教学方法。这样不仅能较好地传授知识，还能成功地教给学生学习英语知识的方法，提高学生获取知识的能力。在英语教学过程中，教师要营造一种宽松、民主、和谐的气氛和环境，给学生一定的自由度，让学生成为学习的主人，使他们主动自由地思索、想象、发问、交流。教师为学生提供恰如其分的英语学习情境，有助于激发学生的求知欲，引发学生的学习兴趣，让学生感悟体验知识形成的过程，引起学生创造思维的感官刺激。教师对学生创造思维能力的培养起着至关重要的作用，这也是教师教学的重要任务。所以，教师在进行教学设计时既要重视教师和学生的创新意识的设计，又要重视创新方法的设计。教师要善于鼓励学生，对学生的异常思维方式和突出的个性特点要善于理解和引导。只有这样，才能在初中英语教学中不断提高学生的创新能力。

五、自主化原则

学生是教育的主体，教师设计的教学内容应该充分满足学生的实际需求，要能凸显学生学习的主体性。教师的教不是简单地向学生灌输知识，而是要向学生教授学习的方法。"授之以鱼，不如授之以渔"，要做到教是为了不教。学习者有能力独立做出与学习活动有关的决策并实施，通过教师教导与学生自学的共同作用，形成自主学习能力。

要保持学生的持久动力，教师应创造更多的让学生运用外语进行实践活动的机会，通过精心设计形式多样的实践活动，让学生有选择地去决定、思考、体验、感悟运用外语所带来的成就感与乐趣。初中英语学习就是要不断挖掘学生的兴趣和潜能，让学生不再被动和被迫地接受倾倒的单词，要让学生主动参与课堂讨论和实践，让学生愿意参与课堂，主动探究知识，锻炼学生自我发现问题和解决问题的能力。

另外，学生可以自主选择和把握学习的时间、学习的节奏和学习的环境，学生可以自主发现和解决学习中的问题，以最适合自己的方式自主完成学习过程。如果学生因生病或者家中有事不得不请病假或事假而导致缺课，这些错过的课程都可以通过翻转课堂的学习资料习得，学生不会有任何耽搁。学生可以开展自主学习，还可以根据自我实际情况调整学习英语的时间和地点，可以在白天，也可以在晚上；可以在学校，也可以在家中，这大大方便了学生对于英语的自主学习。

六、个性化原则

每位学生的英语基本功底情况各异，学习过程中遇到的问题以及需要的帮助会千差万别。教师要尽最大能力给予学生最大限度的帮助，对每位学生的需求进行不同分析。教师要多方面帮助学生制订具体详细的学习计划，确定与英语学习目标有关的活动及时间，并指导其对学习进行自我评价和自我监控。教师可以通过小组讨论的方式，让学生相互交流学习策略，了解学生对学习策略的使用效果，并及时对学生进行个别指导，做到个性化教学。

在初中英语知识授课前，学生可以根据自己的英语水平及认知能力合理使用导学案或观看学习微视频，自主掌控和调节学习进程。在课堂学习过程中，教师可以根据不同学生对学习任务的不同完成情况，设计不同要求的教学活动。对于一些共性问题，可以师生共同解决；对于一些个性问题，教师可以指导部分学生通过自主、合作、探究等方式自己寻求答案，做到学生个性化的学习。

新时代的初中英语教学已经从传统课堂解放出来，由原先教师的一言堂、由教师自顾自地讲授转换为学生的自主学习。学生可以在课堂上自由提出自己的问题，发表自己的观点，提出自己的质疑；教师也从传统课堂中解放出来，不再霸占课堂，并把课堂的主阵地还给学生。在课堂上，教师可以去倾听、去观察。教师在教室巡视的过程中，需要给予学生有针对性和个性化的指导，解决不同学生遇到的不同问题，这样才能提升不同学生的差异化知识运用能力。

七、协作化原则

教师可以利用现代信息资源和技术，为师生构建相互协作的教学环境，这也是翻转课堂教学活动得以很好展开的基本保障。无论学生从教师处或者同学处获取学习资源，还是教师给予班级学生实时的学习的指导监督和及时反馈，都非常需要师生之间和生生之间的相互协作和相互交流。

语言是人与人相互交流的工具，单纯的个人学习不能真正品味出语言的魅力。无论是借助纸质导学案还是借助互联网的微信群，都需要教师通过设计开放性和启发性的问题，引导学生进行小组交流和讨论，让每个组员通过语言活动来亲自感受对英语语言的理解和升华。起初，学生或许会受到传统课堂的影响，或许会由于自身语言基本功的不高，放不开自我，不敢说或者羞于与大家交流。但是随着学习内容和学习成果的不断丰富，学生语言能力的不断提高，学生发现每个人都有长处，每个人都有自己的短板，大家需要相互协助。在不断体验语言交流快乐的同时，学生会越来越愿意进行相互之间的协作互助，在同学之间不断交流和使用已掌握的英语知识和技能。

八、探究性原则

探究性原则在初中英语教学设计中体现了英语知识的层次性和学生学习的主体性，有助于培养学生自主探究知识和构建知识的能力。知识的获得是一个主动的过程，学习者不应该是语言信息的被动接受者，而应该是知识获得过程的积极参与者。以自主学习和自主探究为特点的初中英语教学设计,离不开对探究问题的设计。没有对问题的质疑,没有对问题的探究,就不可能体现出学生的主体地位,也就不可能有学生的主动积极参与,更不可能有学生的独立思考和创造性的思维。学生之间也不会因思维的激烈碰撞而迸发出智慧的火花,学生的思维创新能力也就得不到真正的磨砺与提高。

教师教各种学科的最终目的在于达到不复需教,而学生能自主研索,自求解决。所以,教师之教,不在全盘授予,而在相机诱导。因此,真正的课堂应该是学生思想飞扬的天地,真正的学校教育应该是学生积极思考的自由王国。教师应该使学生在自行探究学习后调动学生积极的思维,使学生认真思考,自由创造。教师不应是知识和真理的传授者,教学不应是简单的知识灌输和单一的知识传授,更重要的是教师的循循善诱和精心指导,以及学生的主动学习、自主探究、自我感悟。因此,初中英语的教学设计应坚持探究性原则,注重强调学生的独立思考和自主探索,问题的探究结果也应该丰富多样,鼓励学生提出自己独到的见解,不唯书,不唯师,只唯实,敢于大胆用英语表达自己的想法。因此,学生可以在不断地探究学习中开阔自身的知识视野,形成自主探究和构建英语知识的良好习惯。

九、民主性原则

民主性原则就是教师在教学设计过程中要注重师生地位的平等性,教师要从神圣的权威宝座上走下来,成为学习的引导者和指导者,还原学生学习的主体地位,给予他们自由宽松的学习环境,形成融洽、和谐的课堂气氛。心理学实验证明,在宽松自由的时空内,一个人的思维更活跃。同时,人的创新性思维活动也体现得更为突出。要落实学生学习的主体地位,教师就要尊重学生、信任学生,构建良好的教学氛围,使学生在主动学习和自主探究的过程中感到轻松愉悦,没有任何形式的压抑和强迫,在宽松自由的学习空间中学习英语知识能有效提高英语教学效率。

真正有效的课堂教学在于创设一种氛围,提供一种条件,让学生在这种氛围中,在这种条件下,心情放松,思维活跃,享受学习的快乐。初中英语教学设计的民主性不仅体现在师生之间的民主，更重要的是在英语学习过程中学生与学生之间，以及师生与教学内容等的民主和谐，即多元互动。多元互动是指学生、教师、教学内容及教学资源的多元化整合互动。在初中英语教学中主要表现为学生与学生，以及教师与学生之间民主、平等、和谐的互动，也包括师生与教学资源的互动。在互动过程中，学生的知识和技能得到巩固和发展，学习能力得到提高，英语水平也得到了有效提高。

第二节　英语教学设计的内容

教学设计的内容包括课前、课上和课后三个阶段。教师提前编制的导学案及通过微信推荐的微视频等学习资料是学生知识建构的基础和保障，也是促进学生自主学习内驱力的重要手段。例如，在课堂上，教师通过英语知识展示等活动，为学生提供英语知识实际应用的情境，帮助他们通过听、说、读、写或表演、观看、讨论等感知方式来完成英语知识深度的知识建构。在课后，学生对课堂所学内容进行反思，通过对英语知识的巩固练习，做好及时查漏补缺；教师对学生的共性问题要及时总结分析，做到及时反馈，对部分学生的个性问题也要耐心解决，做好个别辅导。

一、课前准备

（一）教师课前准备

1.设计导学案

导学案是教师根据教学目标和教学内容，根据学生思维发展水平，提前对所学知识设计导学提纲或相应的学习材料。教师设计导学案的重点也应当在学生学习思路的引导上，要具体落实到学习活动及学习目标的问题设计上，确保学习内容提纲化、问题化，使学法指导具体化。

例如，教师不再占用课堂面授中的大部分时间进行知识的输入、传递，对英语知识细化详解，而是通过课前布置导学资源，简要阐明相关知识的导引和学习任务，以促使学生关注文本中的重要和关键英语知识，将知识的传输移至课前，由学生自主完成。教师在课前设计英语知识导学案时，要注意知识结构框架清晰，静态的学习内容才有可能动态化呈现在学生面前。教师可以通过导学案让学生清楚地了解课前的学习任务、学习目标，做到主次分明、重难点突出，如教师可以让设计学案中的英语知识主题化，以点带面地引出单词；还可以让设计学案中的英语知识内容丰富化，包括单词的词源、单词的文化背景，选取相应的名言名句或诗歌美文。

2.创建网络交流平台

互联网的飞速发展，给我们的生活和学习带来了极大的便利。网络不仅能给我们带来娱乐和放松，更能让我们享受学习英语的便捷。教师可以建立班级交流群，将已经拥有智能手机的学生添加到交流群中，对于暂时没有智能手机或者家长不允许初中使用手机的学生，邀请添加其家长进群。

通过建立班级网络交流群，教师可以及时向学生分享学习的微视频等学习资源，发布学习任务等，方便学生进行微课程学习，学习教师布置的教学内容，实现课前知识传输的教学目标。微信群也方便了师生间及时的英语学习交流。例如，借助微信，教师可以跟学生分享精彩的微信公众号"中国日报双语新闻——双语君""21世纪英文报""蔡雷英语"等，还可以与学生交流当下中国的"新四大发明"。

（二）学生课前准备

1.学习导学案

学生根据教师预先设计的导学案来预习所学英语知识点，完成相对较低阶段的认知目标，即对文本知识的熟悉和理解。导学案引导着学生课前有效自主学习，让学生积极参与课前准备，知道如何下手预习，让学生不再对学习感到手足无措或者无能为力，改变或纠正了部分学生以往消极厌学的学习态度。同时，在学生对导学案自主地进行学习和了解的过程中，教师也应当鼓励学生及时记录思想的火花，鼓励学生及时汇总学习过程中遇到的困难或疑惑，鼓励学生及时收集学习过程中的学习收获。

学生对导学案的学习可以运用在家校翻转中，也可以运用在课内翻转中，这两种翻转策略都能帮助学生做好充分的课前准备。[1]家校翻转是指学生在家预先学习教师设计的导学案，可以发挥个性化学习的优势。学生在课堂上提出问题，大家相互探讨，教师也可以及时个别指导。课内翻转是指学生在课堂上先用前一半的时间自主学习教师设计的导学案，再用课堂的后一部分时间边学边练，通过pair work（结对练习）或group work（小组练习）的形式完成高阶的学习任务，实现学生之间的探究协作。教师可以全程参与学生的学习过程，监督每位学生的积极投入。

在自主学习过程中，学生要结合导学案，有针对性地解决导学案中出现的问题。学生对于导学案中的自主学习任务可以完成得很好，也有可能存在理解的偏差，这都是正常的。通过自主学习导学案，提前清楚课堂将要讲解传授的知识点，发现知识点中自己的盲区，找出疑难问题，做好疑难点的笔记。课堂上教师基本不用教新知识点，主要针对学生提出的疑难点进行答疑解惑。

2.在线学习与交流

学生可在使用移动终端登录微信时，通过教师已经建立好的班级微信群，点击学习教师发布或分享的学习资源，还可以及时点击教师推荐的精彩的微信公众号，以拓展英语知识的知识面，根据词性、词语的习惯搭配和主题内容，构建不同英语知识语义网，积累词块，扩大英语知识量，并在大量的语言学习活动中强化语感，迁移词语运用能力，最终做到词语内化。

初中生对英语的学习具有主动性、自发性和积极性，他们也很愿意接受新的事物，愿意不断地探索和钻研学习中遇到的各种问题，更希望能及时消除学习中的困惑。碎片化阅读正成为当前流行的阅读方式，无论是阅读内容、阅读载体还是学习者本身，都成为碎片化的组成部分。而微信满足了这

---

① 陆月华.论英语学科核心素养体系的构建意义[J].科教文汇（下旬刊），2019（02）：21-25.

种碎片化的学习和交流方式，非常适合碎片化阅读时代学习任务的开展。在忙碌的学习之余，学生可以随时随地学习英语，微信群能够为学生提供这样一个学习交流的平台，他们可以及时提出学习过程中自己遇到的疑惑，可以及时通过微信这个载体向教师或向同学请教。在微信群中，学生也可以通过班级同学的踊跃发言，打开自我思考问题的角度，拓宽看待问题的视野。

另外，通过微信，学生与教师之间、学生与学生之间的关系发生了质的改变，个别学生变得开朗，敢于发言，不会再如传统课堂般拘泥。大家彼此积极发言，甚至使用网络语言，交流的氛围变得更加轻松欢畅，内向和拘泥的学生也有了发言的动力。传统课堂四十分钟，教师的提问不可能照顾到每一位学生，有的学生甚至从没机会发言提出自己的学习困惑。而在课前的微信中，学生可以畅所欲言，用文字提出自己的问题，大家也可以通过查找聊天记录的方式回看自己需要的聊天信息，这种方式非常实用。

二、课上活动设计

（一）学生课上活动设计

1.提出疑惑

在课堂上，教师要给学生机会，让学生提出在课前对导学案或是对微信平台提供的学习资料的学习过程中相关知识点的困惑，要让学生指出自己在完成练习时碰到的难点或瓶颈；教师还可以鼓励学生对本单元导学案提出中肯的建议。教师要给学生信心，多鼓励学生大胆作答、踊跃发言，这样才能方便教师多从学生的角度出发，多从学生的实际学情出发，了解学生对学习的真实需求，了解班级大多数学生学习的问题所在，摸清学生对待某一问题的弊端。

2.小组合作

考虑到大班级授课的实际情况，笔者建议学生尽量按照班级座位就近组合小组。大家以3~5人为一个学习小组，前后排座位之间组合小组。组合学习小组之后，请学生在学习小组中推选出小组长，该小组长要组织、记录和负责好每次的小组活动。

在小组合作互动过程中，每个小组成员都必须提出对某个问题的看法，要与小组其他成员进行意见的交流或观点的互换。每个组员都要积极参与小组的活动，要在小组内有事情做，不可以走神，不可以漠不关心。要积极参加小组的讨论、辩论、表演、歌曲等活动，组员要有集体荣誉感，为小组活动积极献计献策。在与同组成员交流的过程中，也会不断激发出思想碰撞的火花，这会使学生对每个事物的看法豁然开朗。另外，在学生进行小组交流的过程中，也有可能再次出现解决不了的难题，这需要学生再与班级其他小组成员一起探讨，小组间再进行讨论，需要全班学生的相互启发、相互引导，大家集思广益，彼此在实践中得出知识。如果小组间都难以解答的问题，可以由小组长将各组的问题汇总，由英语课代表再统一反馈给教师。

教师要归类整理学生课前自主学习后集中反馈的问题，鉴于每个学生的基础差异，在组内沟通、教师统一讲解后，部分学生或许还会有不理解的地方，教师要给学生时间提问，或者给予一对一的帮助。教师还可以根据大家对知识的掌握情况，确定出有意义的、有探究价值的问题，供大家在课堂上一起讨论。在学习过程中教师也可以让学生完成相关练习，以判断学生对知识的掌握程度。

3.展示操练

学生将课前自主学习到的新知识和新技巧在课上进行实际操练，教师通过学生在课堂的具体操练情况，可以判断学生对所学相关知识的具体掌握程度。教师对学生课前的碎片化学习、碎片化知识摄入，要在课堂上正确导引，进行知识的梳理、归纳和整合，帮助学生达到知识的内化。

教师提问，学生回答；或者学生提问，教师回答；也可以通过学生pair work（结对练习）或group work（小组练习）等互动形式进行。学生在课堂上展示交流的顺序是先小组、后全班，大家先以小组为单位进行组内交流展示，然后各个小组再选派组员代表在全班进行交流，展示学习成果。

要达到自如运用这些英语知识需要实践过程，更需要学生课内的实践操练。教师可以安排学生口头展示，或者黑板书写展示，这样更容易清晰地暴露学生在知识应用中容易犯的错误。例如，教师可以听学生的单词拼读，了解学生对该单词的音标掌握是否标准；教师可以通过学生的造句，了解学生对单词词组或固定搭配的使用是否正确；教师可以就文章的标题或文章中有争议性的问题，提出并让学生积极参与讨论，大家畅所欲言，集思广益。这样的讨论不仅能让教师了解学生对文章中所学生词的读音是否正确，词组搭配是否准确，还能进一步查看学生对文章主题进行挖掘探索，同时也是学生互相交换观点的好机会。这样的讨论通常以"What do you think of..." "What's your opinion about..."等展开。在日常学习中，只有学生之间交流展示的机会不断增多，学生实际运用单词、词组的能力才能不断增强。

（二）教师课上活动设计

1.解答疑惑

在翻转课堂上，教师不是在给学生讲授新知识，而是在针对学生的问题进行答疑解惑。教师从学生的实际出发，启发式回答学生的问题，对学生提出的疑点或难点必须一一解释清楚，不能模棱两可，更要避免"填鸭式"教学，不能倾倒式输出，短时间内向学生讲授很多单词，而要采用启发式和讨论教学法。翻转课堂模式下，单词的学习不是依靠转换形式的板书——打印好的导学案，有学生只是纯粹地背诵导学案上呈现出的单词的用法讲解或者例句。教师要引导学生在课堂上深度探讨问题，通过单词的教学活动引导学生主动思考。为了加深其认知过程和知识的内化，教师可以结合学生的生活实际，为学生创设情境，注重语用教学，将英语与学生生活实际相结合，用生活中的例子深入浅出地解释英语知识的疑难点。

另外，要注意一点，教师对学生已经掌握的知识无须重复讲解，毕竟学生每天课外学习的时间很有限，学习英语的时间也是有限的。教师一定要充分利用宝贵的学习时间，帮助学生实现英语的情境化和个性化学习。教师在课堂进行及时答疑或现场辅导时，要有针对性地对学生课堂完成的学习任务或学习作品进行适时点评，对学生取得的成绩给出鼓励和正面引导，同时根据学生课堂提出问题的实际情况进行课堂拓展。对于小组成员合作探究过程中个别学生偏离主题的思考或言谈，也非常需要教师适时加以指导和点拨，以促进学生对知识的理解。

2.拓展强化

教师指导学生完成知识点的综合运用等任务，呈现进阶学习任务完成过程的共性问题，对学生学习活动中掌握不到位的地方及时释疑；同时，根据学生课堂中所提出问题的实际情况进行课堂拓展，引导学生主动思考和深入探索学习中遇到的问题，适当加深难度，为学生设计拓展练习，提升对该学习的掌握度。

三、课后巩固设计

（一）教师课后总结

教师在课后要带领学生做好翻转课堂的总结分析工作，对学生的学习情况进行客观的点评，对学生本单元的学习情况、练习与实际运用情况给予及时的反馈，对于学生在学习中有待改进和改善提高的地方及时给予指导。教师要帮助学生梳理课堂解决的疑惑点，要深入分析学生学习中的突出问题，引领学生复习易错点和易混点。教师要帮助学生清晰区别和判断，避免各个知识点的混淆，以完成本节课学习的操练和运用。此外，教师通过课后巩固环节，还要带领学生整理重难点。教师可以对疑难点设计多种形式练习，让学生反复操练；还可以根据实际需要，对学习依然存在问题的学生进行个别辅导。

（二）学生课后巩固

学生根据教师评价反馈对课堂内容进行温习和巩固，尤其关注好重、难点，做到牢固掌握知识，以完善知识体系的构建。学生通过完成课后练习，不断地操练，将难点弱化，熟能生巧，最终做到熟练驾驭。对于一些较难掌握的知识点，对学习依然存在问题的个别学生，可以依旧以学习小组的形式，采取组员之间相互协助、互相帮助的形式，或者通过小组讨论，学生通过组员的帮助，利用学生之间无代沟的语言，遣词造句，最终轻松地理解英语单词的用法，以进一步内化知识。

建构主义理论认为，要想使学生实现对知识的自我建构与内化吸收，还需要学生在学习中学会不断反思。在翻转课堂模式下，坚持课后反思，可以让学生及时认识并及时厘清自己在学习中所存在的问题与不足，做到及时纠正错误，及时查漏补缺，更好地实现对知识的巩固和内化，为下一步学习打好基础。学生可以复习导学案或者温习教师设计的相关练习，了解自身对知识的掌握情况，发现自己学习中的不足，以提高英语知识应用水平，提高英语表达能力。

第三节　英语教学设计的方法

一、生活化教学法

初中英语生活化教学主要是指教师在教学中，可将英语教材上的知识和学生的实际生活联系起来，使学生掌握更多的知识，且容易接受，不会有沉重的学习压力。

（一）生活化资源应用的意义

1.调动学生英语学习的主动性和积极性

课堂教学和日常生活有着息息相关的联系。在初中英语教学中，很多学生在日常生活中发现和英语教材有关的内容时都会出现兴奋的情绪。若教师将课堂教学中的教学内容和学生生活资源进行联系、整合，很多学生都会产生浓厚的学习兴趣，并积极主动参与英语学习中。因此，在初中英语教学中运用生活化资源能激发学生的学习热情，提高学生的学习认知感悟，调动学生英语学习的积极性和主观能动性，提升英语综合能力。

2.转变传统教学理念

传统初中英语教学模式单一，教学内容枯燥乏味，教学水平较低，学生不能熟练掌握良好的学习方式，也不能充分运用所学的英语知识解决一些实际问题，甚至无法体会到学习英语的乐趣。初中阶段的学生已经具备丰富的生活经验，在以往英语学习中，学生采用死记硬背的方法记忆英语语法和英语词汇，而不能在实践生活中运用这些知识，这样就容易导致很多学生学习很长时间的英语，但仍不能流利地说英语。因此，在初中英语教学中运用生活化资源，可在课堂中融入学生身边事件、有关知识信息及生活元素，使学生更好地感悟学习英语所带来的愉悦，加强学生在实际生活中灵活运用英语的能力。

（二）初中英语教学生活化的方法

1.挖掘英语教材的生活化因素，激发学生兴趣

（1）加强诵读教学

教师要引导学生养成熟练背诵英语课文的习惯。初中阶段的英语课本有许多内容和日常生活联系紧密，特别是初一年级教材，安排了日常生活使用的口语，同时涉及相关的单词和词汇。例如，要求学生从背诵英语单词开始，一步一步训练，把英语的功能句型分类，然后进行整句的朗读，甚至背诵。为了提高初中学生的英语学习兴趣，教师要经常进行英语课文的示范朗读，和学生同堂朗读英语单词，背诵英语单词。为了让学生养成习惯，教师要加强英语背诵的检查，训练学生的语感。英语教学生活化，学生可以在良好的情景氛围中产生学习兴趣。教师要引导学生联系生活实际内容，加强英语的口语表达训练，就像使用汉语一样自然流畅。要构建生活化的初中英语课堂，教师必须采用不同途径训练学生的口语。

（2）加强英语诵读指导，强化英语词汇记忆

英语是学习语言，教师重视引导学生诵读，应该是刻意追求的一种教学境界。初中英语的对话教学，特别需要教师引导学生反复诵读、角色朗读。学生朗读英语课文内容涉及的词汇，可以熟练地掌握英语语法特点和运用规

律。在英语课堂上，教师和学生一起诵读，教师用自己真诚的态度感染学生，正是英语教学追求的一种优美的教学意境。学生学习英语的思维活跃，乐于创造的契机，可以在诵读的气氛中激发出来。

（3）掌握规则，指导学生的英语书写

教师要引导学生养成规范书写英语的习惯。比如在写英文句子的时候，学生的英文字母组合总是疏密不一致，歪歪扭扭，一塌糊涂，体现不出单词的词距。例如一个句子就像村庄，那么组成句子的单词好比是村庄里的各家各户，只是每个家庭居住的人口有差异，但是村庄的家庭成员必须团结在一起，才能安居乐业。而且，居民居住的房子和别人的房子要保持一定的距离。通过教师形象的描述，学生掌握了英语单词的书写规则，知道每一个单词必须写在一起，英语单词之间能够保持适当的距离。

2.运用现代教育技术，优化初中英语课堂教学

（1）构建英语生活化的教学情境

初中英语教学情境应该追求知识性与趣味性相融合的境界。比如初中英语教学中，运用多媒体图画、摄影图片、背景音乐、动画情景等方式，创造妙趣横生的教学情境，让学生在视觉鲜明的多媒体画面上驰骋想象。英语情景再现，需要画面；学生想象能力开启，需要声音，这些必须依托先进的教育手段。信息技术的运用，可以让学生进入生活化的英语教学情境，达到愉快学习的境界。

（2）应用现代教育手段，活跃英语课堂气氛

信息技术的运用，促进了教育思想的转变。[①]通过远程信息运用于初中英语教学，不但可以引入先进的教学理念，切实减轻师生的负担，减少教师教学的盲目性，提高教学效率，更重要的是推进了英语教学的改革与发展。因此，现代教育手段的改进必须依靠网络教学的信息资源。

3.面向生活，让学生体验成功的快乐

（1）引导学生主动参与英语学习活动

快乐学习是突破初中英语学习障碍的关键因素，教师要让学生在掌握英

---

① 赵旭.济南市初中英语学科核心素养培养现状调查研究[D].山东师范大学，2018：5-7.

语知识的过程中体会到成功的欢乐。例如，在教英语新单词时，教师要注重引导学生观察拼写形式的单词变化特点，指导学生把拼读单词的学习运用到实践中巩固。面对学生学习英语的困境，教师要给学生更多的关怀和鼓励，让学生在思想上没有畏难情绪，进入快乐的学习情境，产生朗读的兴趣、交流的欲望和乐于口语表达的激情。

（2）关爱学困生，建立亲密和谐的师生关系

面对英语基础较差的学生，教师要细心引导，肢体语言、形体动作、实物展示、图像绘画等方式都可以帮助学生理解学习内容。当学生学习不在状态时，教师应该以宽容的态度理解学生，轻轻地告诉他："It does not matter. Please say after me." 这样，学生就会出现快乐的笑脸，并且充满自信，也为学生今后的语言学习奠定基础。教师在英语教学实践中采用设置情景的教学方法，将真实生活情景引进课堂，拉近英语课堂教学与实际生活的距离，让学生回到了五彩缤纷的现实生活。教学时，教师也可以直接利用课堂实景，引导学生思考，启发学生进入良好的氛围，理解英语教材的内容。

总之，在英语情景教学中，教师的教学语言要充满激情、幽默风趣。教师要以火热的激情、独特的精神魅力，调动学生的积极性，让学生体会英语学习成功的快乐，树立发奋图强、拼搏进取的意识。

二、自然拼读法

词汇是构成语言的基本单位，在语言的学习过程中扮演着重要的角色。就初中英语的学习而言，如果学生所掌握的词汇量少，会直接影响学生英语学习的效果。在词汇的学习中，学生对单词的记忆会感觉到无比头疼，而传统机械化的单词学习和记忆模式不利于学生词汇的积累及灵活运用。基于这样的教学现状，我们不妨借鉴国外的自然拼读法，让学生掌握英语的发音、组合及拼读技巧，并将该法有机地运用于学生的英语词汇学习过程中，减少学生的学习负担，提高学生的词汇学习效率，为学生初中英语学习效率的提升奠定基础。

（一）自然拼读法概述

自然拼读法（phonics），是指学生通过拼读单词，学习和了解英语字母和字母组合的发音规律，从而在记忆单词过程中运用这些规律，达到"见词能读，听音能写"的学习效果，提高记忆单词的效率。例如，单词cab，根据自然拼读法中的发音规律，字母c在单词中的发音是[k]，字母a在单词中的发音是[æ]，字母b在单词中的发音是[b]，将三个发音连起来，就能准确地读出单词。该方法是目前国际主流的英语教学法，不仅是英语为母语的国家学习英语读音和拼写的教学法，而且是英语为第二语言的初学者学习发音规则和拼读技巧的教学法。

这种方法操作简单，行之有效，符合青少年的认知规律，提高了单词学习的趣味性，对提高学习效率有显著作用。对于大多数英语初学者来说，如果掌握了自然拼读法，不需要借助音标就能准确地读出80%的英语单词，这无疑是广大英语学习者的福音。

（二）自然拼读法应用的优势

和传统的机械式记忆相比，自然拼读法在初中英语教学中的运用具有传统教育模式不可比拟的优势。

1.有利于提升学生单词学习效率

和传统的单词记忆模式相比，学生对自然拼读法的学习，能够有效地掌握英文字母以及字母组合过程中音与形的关系，最终的目的是让学生"看见单词就能读、听见单词就能写"。这样的单词记忆技巧，不仅简单易学，而且耗时少，效率较高，对于改变当前学生词汇匮乏的现状、提升学生的单词学习效率具有积极的促进作用。

2.有利于提升学生音准，规避国际音标法的干扰

对于中国的孩子而言，从小学习的是汉语拼音。由于英语的发音与汉语拼音具有一定的相似性，而自然拼读法在英语学习中的运用可以帮助学生有效地利用汉语拼音的发音技巧，帮助学生准确发音，提升学生音准。同时，自然拼读法还可以有效地规避国际音标法所带来的干扰，学生在学习的过程

中只需要通过有效地记住英语字母以及字母组合的发音规律，就能够有效地掌握单词发音及拼写，提升学生的英语词汇学习效率。

3.有利于促进学生英语自主学习能力的提升

不断提升学生的自主学习能力，是新课程改革对现代教师教学的基本要求。在初中英语的教学中，自然拼读法的运用有利于帮助学生掌握英语发音的技巧和规律，让学生在日常的学习活动中能够利用自己所掌握的学习方法进行词汇的积累和学习，夯实学生的英语基础，提升学生英语学习效率。同时，学生对学习方法的掌握和新课程改革"过程与方法"的教育目标是相一致的。由此可见，在初中英语教学中培养学生的自然拼读技巧，不仅有利于提升学生的技能掌握，还有利于促进初中英语教学的改革和发展。

（三）自然拼读教学方法

结合以上分析可见，自然拼读法运用于初中英语教学，对于提升学生的英语词汇学习效率，让学生掌握英语单词拼读技巧具有积极的促进作用。那么，作为初中英语教师，应当通过怎样的教育手段，将自然拼读法有机地运用到课堂教学中呢？

1.掌握字母及字母组合发音技巧

任何一门技能的掌握都是循序渐进的，而不可能一蹴而就。因此，学生在学习自然拼读法的过程中，尤其是在初中一年级入门学习时，首先需要掌握的就是26个英文字母本身的发音，然后再通过字母的发音，了解字母发音与单词之间的关系。首先，在26个字母发音过程中，学生应当充分掌握5个元音字母的两种发音特征，以及单元音字母在哪些单词中的发音是相同的，学生可以自主找出来；其次，在学习单元音字母发音后，学生应当充分掌握字母组合的发音，如ea字母组合，在beat、eat、tea中都是发[i]音；最后，学生应当练习双辅音和三辅音，以及一些特殊的不发音的元音以及辅音，等等。循序渐进的练习有利于学生一步一步地掌握自然拼读法的发音技巧，由简到繁，由易到难，不断提升学生的词汇学习效率。

2.培养学生构词方法，提升学生词汇积累效率

学生在自然拼读法的学习过程中，能够有效地区分元音、辅音，能够有效地掌握英语的发音规律，这对于帮助学生积累词汇，提升学生的词汇学习效率具有重要的意义。而当学生在大量积累词汇之后，构词法的掌握就显得格外重要。因此，教师在教学中不仅要让学生掌握自然拼读法，还需要给学生讲解构词法，改善学生单词记忆和积累的效率。例如，在构词法学习的过程中，学生对合成法、派生法等知识的掌握，对于强化学生的词汇训练，提升学生的词汇积累效率具有积极的促进作用。

3.加强师生沟通交流，消除学生畏难情绪

对于绝大部分学生而言，词汇积累困难是普遍存在的问题。而自然拼读法运用于初中英语的词汇教学，最初也会让学生有畏难情绪。基于这样的教学现状，教师在教学的过程中应当加强和学生之间的沟通和交流，让学生充分了解自然拼读法的技巧，并在教师的引导之下一步一步学习字母、字母组合的发音技巧，消除学生的畏难情绪，最终促进学生词汇积累效率的提升。

在传统的初中英语教学中，学生往往通过死记硬背的方式积累词汇，这种机械记忆的模式难以提升学生的词汇积累效率。而自然拼读法在初中英语教学中的运用，对于全面提升学生的词汇学习效率、提升学生音准、促进学生英语词汇自主学习能力具有积极的促进作用。因此，初中英语教师应当充分掌握自然拼读法，并将该方法有机地运用到词汇教学过程中，让学生充分了解英语字母以及字母组合的发音规律和发音技巧，让学生在词汇积累的过程中实现"看到就能读、听见就能写"的学习目标，全面提升初中学生的英语词汇学习效率。

4.自然拼读法对初中生英语写作能力的提升

（1）有助于培养学生的语音意识

自然拼读法有助于培养学生的语音意识，并发展其语音及拼写能力。在初中英语教学中，自然拼读法能力的缺失会导致学生的阅读能力下降，从而影响学生的语言发展甚至是其他学科的学习。有研究表明，语音意识缺陷、视觉辨别缺陷，可能导致学习者在语言学习过程中出现读写双重困难，

表现为语音加工能力弱、单词识别慢、单词识别准确率低等特征。这种读写困难会影响初中生不能有效输入用于认知学习的可理解的语言材料，由此产生阅读障碍和学习障碍。因此，学生接触声学刺激后所获得的音位编码能力越强，随后可用于分析的材料内容就越丰富，从而使初中生的写作能力得到提高。

（2）有助于培养学生的词汇识别能力

自然拼读法有助于培养学生的词汇识别能力，为他们进一步进行语言学习奠定基础。在初中生英语写作中，学生只有掌握了大量的词汇并熟练掌握其用法，才能逐渐提升其写作能力。在对作文进行阅读的过程中需要识别文中词汇，认知心理学家通过对语言学习的研究，最终揭示了词汇学习的"双通道组合模式"，认为学生在认知英语词汇的时候，不仅能够通过语音的转录，同时还能通过词形的表征来达到对词汇的认知及理解。随着学生对所学词汇的熟悉程度越来越深，相应的语音通道会逐渐内隐，而且会慢慢地消失于视觉通道，如此一来，学生对词汇的识别程度也会有一定的提高。由此可见，词汇教学在英语写作中的重要性，因此需要对初中生的语音进行培养，将视觉表征及语音表征的两种通道都打通，从而提升初中生语音词汇学习的效果。鉴于此，作为初中英语教师，在英语写作教学中要充分调动学生的口、眼和耳，多看、多读、多写等，从而提高学生对词汇的掌握程度，进而提升英语写作能力。

由以上论述可知，"授人以鱼，不如授人以渔"。因此，初中英语教师在英语写作教学中应该采用自然拼读法，使学生真正了解到英语单词的音和形的关系，并引导学生学习正确记忆单词的方法。通过自然拼读法，不仅有助于学生的拼写记忆，掌握大量的英语单词和词汇，还有助于提升学生的英语写作能力，并为将来继续学习英语奠定坚实的基础。

三、分层教学法

英语作为初中教育的重要内容，长期以来都是一个教学难点。在教学实践中，教师们经常会遇到一些学生"吃不了"，而一些学生"吃不饱"的情况，使英语教学无法得以良好推进。而分层教学法作为当前较为广泛的教学方法，不但能够很好地解决以上问题，让各个层次的学生都能实现"跳一跳，摘果子"的学习目的，而且还能够一改以往言语填灌形式的教学模式，让英语教学重新焕发生机。所以，广大教师应当正视分层教学法之于英语教学的优势所在，通过创新教学设计和教学模式等方式将其渗透教学中，从而在提升教学效果的同时，让各层次学生都能获得良好的学习收益，为英语素养的发展保驾护航。

（一）分层教学法概述

所谓分层教学法，即分组式教学方法，是指依据学生个体素质差异，将学生分为不同的群体，并制定针对不同学生群体的教学目标及教学方法。分层次教学是在承认学生个体存在差异的前提下，制定多样化的教学方法与教学目标，开展区别教学。这种灵活的教学方式可以实现全体学生都能"学有所得、学以致用"，都能在最理想的环境中取得最佳的学习效果，最终实现教育目标，具有重要的现实意义。

实施分层次教学，可以使不同层次的学生都能制定出符合实际的、明确的学习目标，且不会再因为学习目标遥不可及而自暴自弃，都会积极主动地为实现学习目标而努力奋斗。这有利于增强学生的自信心，调动其学习潜能，同时打消其学习恐惧心理，使学生更容易完成教学目标及教学任务。

（二）分层教学法的应用优势

1.迎合课改趋势

教育部前部长陈宝生曾提出"教育机会均等"的理念，倡导教师要让班内的每一位学生都有相应平等的、适合自身发展的受教机会。这也为初中英语教学指明了发展方向，教师不但要着眼于优秀生的培养，更要保证学困生、后进生的学习权利，要在尊重他们个性化与差异化特点的同时，对教学模式加以革新，确保每一个学生都能拥有学科学习和能力提升的机会。而分层教学法恰好满足了这一要求，将其渗入英语教学中来，能够打破以往单一化的教学目标、教学内容或教学方法，为英语教学贴上个性化的标签。这不管是对英语教学有效性的提高，还是对英语教学的现代化改革都是极为有利的。

2.淡化学生差异

初中阶段，正值学生体魄与智力的快速发展时期，然而受教育、环境以及遗传等因素影响，使得他们虽然年龄相仿，但各自的学习能力、接受能力、行为习惯及发展情况都有着较大差异，这也直接影响了他们英语的学习效果。部分学生英语接受能力强，学习效果好，也有一些学生英语理解能力差，成绩不尽如人意，长此以往，必然会造成学困生成绩更差、优秀生动力不足的情况。而运用分层教学则能够以层次化授课的方式来淡化学生之间的差异。同时，加强该方法的渗透，能够在各层次内部和各层次之间营造一种竞争化的氛围，不但能激起各层次学生的学习热情，而且还能帮他们实现提高学习有效性和获得能力提升的双重目的，可谓是一举多得。

3.促进教师教学

在以往的教学中，教师常常秉承"向中看齐"的观念，在目标设置、内容教授及方法制定等方面会偏向于大多数学生，这直接造成了优秀生"吃不饱"和学困生"吃不了"的两极化情况，既不利于整体教学效果的提升，也不利于良好学风和班风的建立。而在分层教学下，教师可依据学生的智力水平、品质意识、知识结构以及学情等，开展层次化的英语授课，并为各层次学生提供与之相适应的教学目标、教学内容和教学方法，让他们都能有所学和有所获，从而提升教学效果，彰显英语学科的育人价值。

（三）分层教学法的策略

1.教学对象分层

初中英语的主要教学对象就是学生，而对学生实施分层是开展分层教学的重要前提与基础，能够对后续教学活动的开展起到重要影响。在对学生进行分层之前，教师需对学生做出全面的考量和了解，把握学生的课堂表现、英语成绩、作业完成情况等。同时还可以向其他学科的教师了解学生实况，对学生做出一个综合评价，将学生的学习能力和学习态度等方面的因素都涵盖评价内容中。然后，据此将学生分为三个层次，即优秀、良好和普通。该分层结果只能作为教学参考的依据，且不可对学生公开。接下来，教师按照分层结果对学生实施分组，每个组可以有4到6人，确保小组成员合理搭配、实力均衡。同时每个组内都要有不同层次的学生，如此方能高效地完成组内合作与小组间的竞争，有利于分层教学的顺利实施。要注意的是，对学生进行分层时，教师需要从客观视角做出评价，不可太过主观地判断，并根据学生的动态变化情况对分层进行灵活调整。

2.教学目标分层

教学活动的开展需要以明确的教学目标作为指导，新课程标准指出，英语教学目标的制定必须要切合学生的现实情况，不能制定得太高或是太低。换言之，在开展初中英语教学时，教师应当在了解学生具体情况的前提下进行教学目标的分层，以此满足不同层次学生的学习需要。比如，教师可先设计一个基础目标，确保所有层次的学生都可以达到，具体可包括掌握单元重要词汇、核心句式及语法等。而对于良好及优秀层次的学生，教师可以在基础目标上进行延伸和拓展，要求这部分学生结合单元所学知识内容，展开相关主题的探讨，可以在小组成员之间相互交流，或是进行英语写作。最后，针对优秀层次的学生，教师可单独为其设计进一步的目标。比如，要求这些学生全面而深入地把握课文核心思想，在此基础上运用学到的知识，展开即兴演讲或是拓展写作。在具体实践中，教师可以突破层次性目标的局限，鼓励学生挑战自我，在达成当前目标的前提下，争取向更高层次的目标前进，以实现学生的快速进步。

3.教学内容分层

英语高效课堂应当让全体学生都参与进来，提高学生的学习热情和积极性。而要实现这一点，教师就应当对教学内容进行合理分层，让各层次的学生都有足够的能力参与其中，完成学习任务。比如，在完成了某个单元的教学之后，教师可安排学生以单元主题进行写作，并为学生设计三个不同层次的问题，让学生结合主题内容展开思考和分析。接着再让学生以小组为单位相互交流讨论，待讨论结束之后，先让普通层次的学生回答最为简单的问题，再让良好层次的学生回答中等难度的问题，最后由优秀层次的学生对难度最高的问题进行分析和解答。教师可让学生以小组积分的形式展开相互竞争，并给得分最高的小组颁发相应的奖励。通过以上分层，学生不仅能够对所学主题产生深刻的认知，还可以在教师的指导下把信息整合起来，制作出思维导图，达到理想的学习效果。

4.教学提问分层

对于初中英语教学来说，教学提问的分层也是至关重要的一个环节。教师可以结合学生对问题的回答情况，对教学目标是否达成做出一个直观而准确的判断。所以，在教学实践当中，教师应当针对不同层次的学生设计个性化的问题。针对优秀层次的学生，应当为其设计具备较强开放性和挑战性的问题。可在学生阅读完文章之后，询问学生该篇文章的核心思想是什么，并让学生想象一下文章的后续情节走向，培养学生的发散性思维。针对良好层次的学生，教师可设计难度适中的问题，帮助学生巩固所学知识。教师可以让他们对文中的一些细节进行挖掘，并据此来回答相关问题。针对普通层次的学生，教师应设计相对简单的问题，目的在于加强学生的记忆与理解。教师可让学生在文章中把关键词汇和句子找出来，便于学生把握文章并学会有关词汇和语法。在学生回答问题之后，教师要做出合理的点评，不仅要鼓励和肯定学生，指出其回答中的亮点，同时又要纠正学生的不足之处，让其在原来的基础上获得不断提升与进步。特别是对于普通层次的学生，教师应当予以更多的帮助，激励他们投入学习中，树立起学习英语的自信心。

5.教学作业分层

在布置作业的时候，教师应当结合层次化目标，给学生设计针对性的作业，具体可包含基础型、提升型与拓展型。其中，基础型是结合大纲的要求，围绕基础知识进行设计，以确保普通层次的学生也能顺利地完成作业，如生词拼写、句型填空以及时态填空等。提升型的作业主要针对良好层次的学生而设计，可包括词汇选择题、阅读理解、话题写作等类型。拓展型的作业则主要针对优秀层次的学生，包含文章核心思想总结、即兴演讲以及开放化写作，如此有利于提高学生的英语综合素养。总体而言，对英语作业进行分层，能够充分渗透因材施教的理念，让不同层次学生的学习需要均得到很好的满足。这样不仅能帮助学生巩固所学知识，同时还能实现学生的进步、拓展与提升，全面体现出分层教学法的有效性。

6.教学评价分层

教学评价作为初中英语教学的重要环节，对授课效果有着直接的影响作用。一方面其能够让教师精准把握学生的学情，从而以针对性的改进措施来提高教学有效性；另一方面也能校正学生的学习态度、学习方向，使他们英语学习更加高效。而在面对各层次学生的时候，教师也要对教评进行分层。

综上所述，在初中英语教学中采用分层教学法，应当结合实际教学对象、教学目标、教学内容、教学提问及教学作业，从各个不同的方向出发，进行分层设计，以此达到个性化教学的效果，让每一个层次的学生都能在实践中取得进步。

第四章　学生素质培养为导向的课堂教学难点

第一节　学用合一的语言能力培养

一、中学英语语言能力的内涵分析

对于中学阶段的英语课程而言，学生的语言能力主要涵盖四个方面的内容，即对英语知识点的实际掌握情况、运用英语语言完成写作的能力、对英语篇章的理解能力以及英语口语表达能力等。在培养中学生英语语言能力核心素养的工作中，教师要重点关注以下内容：①让学生发挥主观能动性，形成自主学习英语语言知识的意识，从而更好地配合教师对其进行英语语言能力的培养。②积极提高学生的英语语言运用能力，使其能够充分把握英语文本的含义、主旨。换句话说，即在阅读时，不仅能了解文章的大意，而且还能深刻领会文本传递的中心思想。③引导学生在日常生活中积极运用英语语言，加强与同学、教师的互动和交流。

二、中学英语教学培养学生语言能力面对的困境

语言能力主要指语言运用能力，是学生在社会情境中能够借助语言进行理解和表达的能力。语言能力是英语学科核心素养中的基础要素，是其中的"核心"，不仅包括培养学生传统的听、说、读、写四大语言技能，而且还增加了"看"的要求，此外，还包括教师培养学生对语言知识的理解和运用

能力。

语言能力是学生进一步发展学科核心素养的基础，也是进一步发展学生其他素养的重要依托。培养语言能力不仅可以帮助学生提升理解分析问题的能力，提高学生对语言的感知力，而且还能够丰富学生的思维方式，培养学生的自主学习能力以及交际表达能力。

21世纪初，实验版课程标准要求学生自主学习，发展思维和表达能力，培养创新思维和创造力，然而受应试的影响，英语教学要切实贯彻课标的精神，难度很大，具体表现为以下几个方面：

（1）教材要求更高、信息量大、新单词多，语言学习贯穿听、说、读、写每个环节，而实际教学时间紧、任务重，教师觉得教材内容教不完。

（2）部分学生英语语言水平存在差异。一线发达城市和中小城市、城市和农村、同一城市不同学校的学生等语言水平参差不齐。新教材对学生的要求更高，而基础能力薄弱的学生单词记忆都有问题，更谈不上高层次语言能力的培养。

（3）受心理、生理、专业能力、生活条件、环境等因素限制，加上来自家长、社会和学校的升学压力和课堂教学压力，不少教师精力透支，根本无力"充电"，甚至患上了职业枯竭症。英语作为一门语言，需要长期持续地学习才能保持良好的语言水准。如果教师平常缺乏主动学习的过程，就容易导致英语素养的停滞或退化；如果教师自身的英语语言能力都存在问题，就更难培养学生的语言能力。

（4）部分英语课堂以教师为中心，只注重理论知识讲解；部分中学英语课堂教学以教师为中心，只注重对学生进行理论知识的讲解，教学方式十分传统。但英语是一种实用性的语言，这种教育方式往往使得很多学生难以掌握重点知识，更难以培养学生的英语语言能力。可见，若要增强学生的英语语言能力，就需要改变教学方式，通过引导并鼓励学生进行口语表达，激发学生的学习积极性。但是，很多教师在目前的教学实践中，还是依照教材使用传统的教学方式对学生进行知识讲解，这大大阻碍了学生英语语言能力的形成。

三、中学英语教学培养学生语言能力学用合一的策略

以上几个问题分别涉及教材、学生和教师。要真正实现对学生语言能力的培养，不仅要对教材内容"是什么、为什么写、怎么写"和学生学情"有什么、学什么、怎么学"进行分析解读，更要在此基础上，发挥教师经验和智慧，设计好"教什么、怎么教、怎么导"。学用合一的语言能力培养既是目标也是解决之道。

（一）将语言知识的教学与语言能力的培养相结合

语言知识包括语音、词汇、语法、语篇和语用知识学习。学习语言知识的目的是发展语言运用能力。语言能力指在社会情境中，以听、说、读、看、写等方式理解和表达意义的能力，以及在学习和使用语言的过程中形成的语言意识和语感。语言知识是发展语言能力的基础，学习者对英语语言知识的掌握程度决定了其英语语言能力的强弱。

在教学实践中，应以主题意义为引领、以话题为中心、以篇章为载体，在活动中学习词汇、短语和句型，提高复现率，逐层推进，从而实现语言的综合运用。从语言知识的观察、感知到归纳、运用，再到内化和习得，最后形成语言能力。

（二）语言学习与思维训练相结合

语言是思维的工具，思维需要通过语言来表达，学习语言就是学习如何表达思维。语言学习需要以语篇为载体，语篇呈现语言内容。学习语篇的内容，也就是经历各种认知的过程，包括理解、比较、分析、归纳、阐释和评价等。因此，语言学习活动离不开思维的参与，英语教学活动就是要让学生的思维动起来，让学生学会如何思考，在思考中学习。[①]

---

① 程晓学.核心素养下的英语教学理念与实践[M].南宁：广西教育出版社，2020：59.

（三）实践活动与语言能力的培养相结合

实践是培养英语语言运用能力的有效途径。英语运用能力的形成需要基本的语言规则和词汇知识及其运用能力作支撑，但综合语言运用能力的形成与发展，则需要学习者进行不断的语言实践。在模拟或真实的环境中，学习者通过大量的交谈、阅读和写作等活动，完成不同目的的语言学习操练或交际任务。在使用过程中培养语言运用能力。"做中学"是培养语用能力的有效途径。

（四）学以致用，提升语言技能

陶行知提出的"教学做合一"的思想是"生活教育论"的基础。"教学做合一"思想的重点是"做"和"教"，教师要在做的过程中教授学生相关知识，而学生要在做的过程中学习。学以致用的最终目的就是培养学生的语言表达能力。例如，在 *No Drugs* 一课中，教师能够提出以下问题："Xiao Ming invited his best friend Xiao Qiang to smoke together.How should Xiao Qiang refuse him and advise Xiao Ming not to smoke?"在教学中，教师可以为学生模拟生活情境，让一个学生扮演小明，一个学生扮演小强，并引导学生展开一对一的对话交流，进行教学情境再现。课堂中，师生通过对吸烟危害的思考、总结，从而为小强拒绝小明找到依据。通过在现实情境中展开口语训练，让口语交流交际能力内化为学生自身的语言能力，达到增强学生口语表达能力的目的。毫无疑问，只有逐步加强练习，才能增强学生的语言能力。在课堂教学中，教师要多多鼓励学生展开口语训练，并为学生创设贴近现实生活的教学情境，让学生主动参与到课堂教学中，从而提升教学内容的实用性。

第二节　深度建构的高阶思维教学

在新时代背景下，中学英语教学必须重视英语课堂中高阶思维的发展，与时俱进，及时更新观念，不断提高教育人才的培养质量，通过人才培养质量的提升，构建与经济社会发展相适应的中学教育体系。"高阶思维"一直是心理学中的一个核心词语。英语课堂中的高阶思维是学生在英语学习素养训练中积累出来的对英语学习的语言驾驭和判断能力。因此，所谓高阶思维现象，就是指在语言的学习中，思维转变过程对语言学习效果的影响。

一、关于英语课堂中的高阶思维内涵理解

在语言学中，高阶思维主要是指对于语言学习者，要通过一定的知识的积累和学习，转换成一种新的思维方式的过程。这个过程中，有多种语言方式的转换，它们之间也有相互影响。英语课堂中，高阶思维能力的改变是一个长期发展的过程。从这个角度来看，英语课堂中，高阶思维能力也就是新的时代背景下，在中学学习教育过程中对英语知识的掌握转变为对英语知识运用的过程。

高阶思维是指发生在较高认知水平层次上的心智活动或认知能力，是相对于低阶思维而言的一种思维。布卢姆教育目标分类说根据认知过程的六个层次，将记忆、理解、运用划分为低阶思维，分析、综合、评价划分为高阶思维。高阶思维是高阶能力的核心，主要指创新能力、问题求解能力、决策力和批判性思维能力。它集中体现了知识时代对人才素质提出的新要求，是适应知识时代发展的关键能力。

同时，高阶思维也是中学英语核心素养背景下需要探究的热门话题。在全球化不断推进的背景下，未来社会所需要的人才可能会面临更多的国际化

和跨文化交流，需要跨文化交际能力、全球意识、国际理解、信息技术素养等与外语有密切联系的素养，而这类素养的培养与外语息息相关。中学英语学科核心素养包含四个方面：语言能力、文化意识、思维品质和学习能力。高阶思维正是包含在思维品质当中。结合学科特点，英语学科的高阶思维就是在英语情境当中生成的逻辑性思维、批判性思维和创造性思维。以逻辑性思维为起点，对语言进行分析理解；以批判性思维为过程，判断推理，自我评价语言的实际意义；以创造性思维为重点，综合运用语言，纵横联想，模仿创生。中学培养学生的实际动手能力和操作能力是中学英语课堂中的高阶思维质量的一个重要体现，随着英语教育范围的进一步扩大，英语课堂中的高阶思维结果愈来愈受到重视，其功能得到更大发挥。

英语课堂中的高阶思维就需要运用一定的方法来处理和分析差异信息，追求精确量化的倾向使英语课堂中的高阶思维向客观化、科学化的方向迈进。新时代背景下的差异观是在充分肯定教师主导地位下，确定学生主体性，组织并鼓励学生参与到英语学习过程中的。对于参与环节，每个学生都要尽量做到积极参与每一个环节。

二、中学生应具备的高阶思维能力

在中学英语教学过程中，为了能帮助学生提升他们的高阶思维能力，教师必须首先明确中学生应该具备的高阶思维能力包括哪些方面。

关于思维学习，美国的布鲁姆教授曾经提出了布鲁姆分类法。他把思维学习分成六个层次，即记忆层次、理解层次、应用层次、分析层次、评价层次和创新层次。根据布鲁姆的分类，记忆层次、理解层次和应用层次为低阶思维层次，而分析层次、评价层次和创新层次为高阶思维层次。中学生已经具备了一定的低阶思维能力，那么中学教师便应该重点培养学生的高阶思维能力。也就是说，在中学英语教学过程当中，教师应该重点培养学生的分析能力、评价能力和创新能力。

三、英语课堂中高阶思维对英语学习影响的分析

随着我国经济社会的发展，学生的英语素养在国家经济社会发展中的地位和作用越来越高。当前，英语课堂中的高阶思维所提倡的"尊重学生、以生为本"的理念，与新课程标准中提倡的"以人为本"的教学理念不谋而合。将英语课堂中的高阶思维理念引入英语学习教学，不仅对学生的英语学习有一定作用，而且也能潜移默化地影响到学生的学习效果。

英语课堂中的高阶思维理念就是通过引导学生通过自己的真实感情达到学习目的。在教学目标的指导下，英语课堂中的高阶思维理念要帮助学生解决"学什么、如何学"的问题，这些实践为英语学习中的高阶思维发展也开辟了通道，为促进学习者对英语的理解、提升学生的英语素养提供了平台。

英语课堂中的高阶思维可以增强学习者学习英语的兴趣。教师应结合培养目标要求和本校的特点开展英语学习活动，改进英语课堂中的高阶思维方法，注重人文素养和实践能力的培养，进一步形成浓厚的英语学习大环境。教师要利用跨文化的交流，积极鼓励学生充分挖掘英语学习素材，培养其英语学习素养，通过英语学习素养的提升，不断转化自身的英语课堂中的高阶思维，提升英语学习能力，进而转化为英语学习能力。

四、英语课堂中高阶思维的运用分析策略

（1）紧扣英语课堂中高阶思维对英语学习的影响进行目标和定位。在当今社会转型时期，各种社会矛盾相对集中，在此背景下，价值信息时代特征日益明显，因此，英语课堂中高阶思维能力的培养必须与时代发展的主题相融合，并不断更新英语课堂中高阶思维能力，更加深入突出强调对真善美的探索，在英语课堂中高阶思维能力中注入对社会文明传承和社会建设的重要责任，实现在培养质量方面与城市中学生保持初步一致，同时进一步提升未来的发展潜力。英语学习能力注重对新、特及有兴趣点的事情的关注。英语学习能力的建立对英语学习者会起到激发和促进作用，使英语学习效果更加突出。这不仅是英语教育的规律，也是人们掌握英语知识和运用英语的技巧所在。

（2）要在英语学习的过程中加强学生对英语思维培养的个性化。在学生英语思维的培养和锻炼过程中，要注重教材的个性化，要注重学生的个体差异性，要结合不同学生的不同特点，有针对性地鼓励他们在英语学习的过程中加强英语学习能力的转化。要想提升各种英语课堂中的高阶思维能力，就要在日常的教育教学过程中激发潜在的学习意识和表达意识。教师在课堂用语的使用上要融入自己的思想情感，尽量避免使用否定结构和命令语气，要注重长时间的跟踪和激发学生对英语课堂学习锻炼的热情，避免学生半途而废。同时，由于中学相对封闭的环境，要积极获取校方和政府的支持，建立学生口语交际提升能力的基地，也可以与相关外语学院和中学联合，不定期送学生到相关院校进行交流，也可以邀请外教参与到课堂教学的交流环节之中。

（3）要在英语学习的过程中充分搞好师生之间的互动。英语课堂中高阶思维能力的形成必须依靠中学教育主阵地作用的充分发挥，同时，中学要多方面形成联动，为学生的英语课堂学习交际创造环境。教育主管部门应该在学生的英语考试中增加相应的英语课堂学习应用和表达。由于成长环境的限制，一些学生不能在更适宜的英语机构中得到锻炼和学习，因此，家长要积极支持学生在家中运用英语课堂学习，有条件的家庭要为孩子创造条件，提升他们英语交际的物质环境。从学校自身来看，学校要加大资金投入，积极为学生配置相关的英语课堂学习锻炼的设施和基地。学校要制定相关的英语课堂学习锻炼机制，让更多的学生参与到英语交流之中。

五、中学生英语高阶思维能力培养的路径

我们在把握了中学生应该具备的高阶思维能力的基础之上，应该进一步地分析能够有助于中学生提升高阶思维能力的相关路径。根据笔者的研究，教师主要可以利用英语词汇教学、英语阅读教学以及英语听力教学等多种课型，培养学生的高阶思维能力，为学生打开思维通道，促使学生不仅能够在课堂上进行高效的语言知识学习，更能通过高阶思维活动来进行语言技能方面的强化训练等，从而帮助学生在提高综合语言技能的基础之上，进一步地

发展思维能力。

（一）在中学英语词汇教学中培养学生的高阶思维能力

为了能够促进学生高阶思维能力的全面提升，教师首先应该把握英语词汇课堂这一重要阵地。很多教师认为，在英语词汇课堂上，教师只需教会学生词汇的基本发音及语义即可。其实不然，还要有效地培养学生的高级思维能力。事实上，学生在一定的语境之下，对于词汇的词义进行分析、猜测以及判断的过程也是他们进行高阶思维活动的过程。这就要求教师在英语词汇教学过程当中，不能直接要求学生翻开单词表当中的某一页去看某一个单词具体的汉语意思，也不能直接要求学生在文本阅读或者是文本听力过程当中遇到某个生词时，便直接通过查阅字典的方式来查阅相关词汇的汉语意思；反之，教师应该给出一定的文本语境，然后让学生在语境下对某个词汇的词义进行分析、猜测和判断，从而在这个过程当中促进学生高阶思维能力的发展。

通过上文的分析可知，为了能够促进学生在英语词汇学习过程当中高阶思维能力的发展，教师应该为学生提供一定的文本语境。但是，教师应该保证所提供的文本内容难度不要过大，否则很可能会导致学生在对某个词汇的词义进行分析和判断的过程当中受挫，这样不利于学生高阶思维能力的提升。因此，教师不仅需要结合学生的英语词汇学习需求，为学生提供一定的语境，而且还应该把握相关语境难度的适切性。同时，这些语境当中所提供的有关文本信息也应该有效地激活学生的阅读兴趣。只有这样，才能有效地提升学生的高阶思维能力。

（二）在中学英语阅读教学中培养学生的高阶思维能力

为了能够促进中学生高阶思维能力的培养，教师除了应该把握英语词汇课堂这一主阵地，还应该把握英语阅读课堂。这是因为，如果我们将学生的阅读过程看成一个系统的过程，那么在这样的一个系统过程当中，学生的思维活动有了多方面参与。比如，学生需要对文本当中的一些语言信息进行思维解构，然后对解构后的信息进行综合，这时就需要学生展开高阶思维活动。在综合把握了文本当中的关键细节信息以及文本作者的中心思想之后，学生还需要进一步地针对这些信息进行评价性思维活动以及创新性思维活动。这样的思维活动有助于提升学生的高阶思维能力。

这就要求教师在阅读教学过程当中，从不同的方面出发，促进对学生高阶思维能力的培养。比如，议论文是中学生在英语阅读学习过程当中经常会遇到的一类文本，在英语议论文当中，作者总是会就一定的议论话题来提出自己的观点。在传统的英语议论文教学过程当中，教师只是要求学生总结出文本作者所提出的中心思想。事实上，每个学生对于相同的议论话题都可能有自己不一样的观点。为了提升学生的批判性高阶思维能力，教师应该给予每一个学生展示自己观点的机会。在这样的阅读学习过程当中，学生才能够批判性地理解文本当中的有关问题，把握文本作者的中心思想等。当然，这对于提高学生的高阶思维能力也具有重要的意义。比如，在阅读教学过程中，为了能够有效地促进学生高阶思维能力的发展，教师还应该在帮助学生梳理文本主要内容的基础上，有针对性地设计迁移创新类的阅读活动。教师应该关注以下两个方面：

（1）为了能够强化学生在新的语言情境当中灵活运用文本当中所获取的信息，并展开更深层次的实践性应用，进而在此基础之上发展学生的基本语言能力，教师可结合具体的文本主题性内容，为学生创设新的语言情境，即进行语境的迁移，从而促使学生在新的语言情境之下进行语言的输出类活动。

（2）教师在进行迁移创新类阅读活动设计的过程当中，还应该注意通过具体的活动设计，有效帮助学生发展创新思维能力。这是因为，思维能力的发展也是中学英语阅读教学过程当中的重要教学目标，并且是发展学生英语学科核心素养的必要途径。这样一来，迁移创新类活动内容便成为帮助学生有效地发展高阶思维能力的一座重要桥梁。

（三）在中学英语听力教学中培养学生的高阶思维能力

在中学英语听力教学过程当中，教师除了应该为学生渗透基本的英语听力技巧，还要组织学生进行英语听力训练，重点培养学生的高阶思维能力。例如，在展开具体的听力内容之前，教师可以为学生设置一系列需要他们进行高阶思维活动的听力任务。比如，为了能够帮助学生在听力前这个环节便对听力文本内容有一定的了解，并在此基础之上激活学生有关听力主题的背景知识，笔者一般都会要求学生在听力前这个环节对听力文本内容进行信息预测。在每一个学生进行预测的基础上，笔者也会要求他们在全班同学面前分享自己进行预测时的一些具体思维活动以及相关预测方法等。这既能够促进学生高阶思维能力的提升，又能帮助学生降低在听力过程当中的理解难度。

总之，在中学英语教学过程当中，教师应该重点挖掘能够有效促进学生高阶思维能力提升的具体平台和具体途径，重点抓取英语词汇课堂、英语阅读课堂以及英语听力课堂这三大主阵地，促使学生在把握这三大主阵地的基础上提升基本语言运用能力和综合思维能力。这样一来，学生在英语课堂上不仅能学习英语语言知识，取得英语技能的发展，而且能够在高阶思维能力方面有一定进步和提升。

第三节　融合创生的文化意识习得

一、文化意识的内涵

当前，培养学生文化意识的重要性已在外语教学领域得到广泛认可，文化意识被认为是语言学习中最难达到的一个方面。培养学生的文化意识，学习文化多样性，可以为学生的跨文化交际能力贮备知识和技能。文化意识指对中外文化的理解和对优秀文化的认同，是学生在全球化背景下表现出的跨文化认知、态度和行为取向。文化意识体现英语学科核心素养的价值取向。文化意识的培育有助于学生增强国家认同和家国情怀，坚定文化自信，树立人类命运共同体意识，学会做人做事，成长为有文明素养和社会责任感的人。文化意识应包括对英语国家文化知识的了解，对英语国家文化现象的理解，具备跨文化交际的能力。笔者也以此为依据来测试衡量中学生文化意识的水平。

文化意识体现了英语学科立德树人的育人价值，明确指出了学生未来的发展方向，是21世纪学生的必备素养和能力。[①]学习和汲取优秀文化精华有助于学生形成积极的情感态度和正确的价值观。

二、中学英语教学中文化意识习得存在的问题

新版课程标准颁布以来，经过理论学习和教学实践，很多教师明白了文化意识培养的重要性，但在实践中却显得无从下手，加之对文化意识的考查评价难以量化，部分教师在进行文化意识教学时会觉得困难重重，主要表现为认知不清和方法欠缺。

（一）认知不清

1.把文化意识的培养窄化为学习英美文化

不少教师以为培养学生的文化意识就是让学生获取与英美文化相关的知识，对教材中出现的中华文化元素一带而过，这样可能导致学生对西方文化的盲目效仿，而忽视了对中华文化的传播和弘扬。

参照课程标准，文化意识的内涵不局限于目的语文化，而是强调母语文化与目的语文化并重。可见，学生了解的文化应包含本土文化和外国文化两个方面。外国文化不只局限于英美两个英语国家，因为英语作为一种世界通用语，在世界多个国家广泛使用。借助英语这个媒介，接触多元文化，获得

---

① 梅德明，王蔷.普通高中英语课程标准（2017年版，2020年修订）解读[M].北京：高等教育出版社，2020：69.

更多的文化体验，更有利于学生在经济全球化发展背景下树立世界眼光。我国提出的"一带一路"倡议，也对未来人才提出了文化方面的要求，不仅要了解英语国家文化，也要了解世界各国的文化。课程标准要求本土文化在文化学习中应该占据一席之地，通过文化对比，审视和鉴赏中国传统文化，用对方能够理解和得体的语言传播中国文化，这也是文化教学的一个重要内容。只有这样，才能增强学生的国家认同感、家国情怀、民族文化自信。①

2.把文化知识泛化为文化意识

部分教师以为引导学生学习了文化知识，学生就具备了文化意识。这种认识把静态的文化知识教学等同于持续性的文化意识培养。实际上，单纯地获得文化知识，不能真正培养学生的文化品格。

课程标准明确指出，文化意识培养的目标是获得文化知识，理解文化内涵，比较文化异同，汲取文化精华，形成正确的价值观，坚定文化自信，形成自尊、自信、自强的良好品格，具备一定的跨文化沟通和传播中华文化的能力。从"获得""理解"到"形成"和"具备"，可以看到不同动词之间在思维层面上的递进关系，这标志着文化意识培养具有一定的层次性。教师应关注这些动词的变化，用心体会文化意识培养"内化于心，外化于行"的过程。

（二）方法欠缺

1.文化育人理念偏颇

英语教学的理念还没有完全更新，主要体现在教师关注教多于关注学，关注成绩多于关注能力，关注知识多于关注素养，对培养学生应有的文化态度缺乏引导，对文化的价值取向关注不足。

教师在英语教学中应通过显性的教学活动和隐性的潜移默化，引导和帮助学生形成正确的价值观以及自尊、自信、自强的良好品格，使学生不断增强文化意识，养成自觉性，落实文化育人的举措。

---

① 喻侯林.高中英语教学中文化品格培养的理念和路径[J].教学与管理，2019（7）：100-102.

2.文化信息处理单一

对文化内涵的挖掘深度不够，角度单一。比如，讲到感恩节，教师引导学生梳理感恩节的起源、时间、地点、活动、意义等信息，如果是建构对感恩节这一节日的基本信息，无可厚非，但如果止步于此，就显得深度不够。教师可以引导学生了解其起源的不同说法，全面了解这一节日的文化背景，对现代感恩节的意义作出分析后，可以发现这个节日的起源有着复杂的殖民色彩。而我国春节、中秋节的现实意义主要是家庭团圆。通过这一系列的观察文化现象、分析不同文化的民族背景、比较中外文化之间的异同，才能真正发展学生的文化意识。

3.文化情境创设缺乏真实性

文化品格塑造要坚持"情境化原则"。所谓情境化原则，就是在课程实施过程中，创设语言学习环境，把文化品格的塑造植根于贴近学生生活的情境中，让学生在活动中亲身体验文化。然而，当下的英语课堂文化情境创设还存在诸多问题：要么没有创设情境文化、教学内容呈现碎片化、内容显得突兀，要么虽然注意到创设情境，但情境并不真实，文化知识的讲授和文化意识的渗透生硬。

可见，文化意识虽然在课程标准和英语学科核心素养中有了明确表述，但是在教学中应如何理解文化意识、文化意识该如何培育，一线教师们还存在诸多疑惑。

三、中学英语教学中文化意识习得的融合创生策略

针对文化意识培养中的问题，我们提出以下解决思路。

（一）依托课程标准，解构文化意识的多维内涵

文化意识具体表现为以下四个方面：[1]

（1）比较与判断：培养学生的文化意识，要使学生能够感知语言学习中

---

[1]　梅德明.王蔷.中学英语课程标准（2017年版，2020年修订）解读[M].北京：高等教育出版社，2020：63-64.

的文化内涵，树立世界眼光，增进国际理解，认识世界文化的多样性，对不同文化持尊重和包容态度，能够观察、分析、比较中外文化之间的异同，作出自己的评价。

（2）调适与沟通：跨文化敏感性是文化意识的一个部分，学生在与来自不同文化背景的人交流时，能意识到彼此的文化差异，进而调整交际策略，有效进行跨文化沟通。

（3）认同与传播：文化意识包含国家认同和家国情怀，学生能从人类文明的角度认识中华文化，通过比较，深入认识中华文化，增强爱国主义和文化自信，具备一定的传播中华优秀文化的能力。

（4）感悟与鉴别：文化意识强调对优秀文化精神内涵的理解与鉴别，并将其内化为个人的意识和品行。学生养成健康的审美情趣和积极的道德情感，树立正确的价值观，自觉追求真善美，具有自尊、自信、自强的良好品格。

文化意识体现英语学科核心素养的育人价值导向。文化意识的培养有助于学生学会做人，学会做事，成长为有文化修养和社会责任感的人。因此，英语学习的过程也是文化学习、品格塑造的过程。

方涵、张建琼认为，文化意识由多元性的文化知识、发展性的文化能力和审辨性的文化思维三个部分构成。

多元性的文化知识是指中外文化知识，意味着英语学科教学中的文化知识是丰富的、多样的，应涵盖中西物质、精神等多方面。发展性的文化能力从根本上说是跨文化能力。"发展"意味着学生文化能力的形成需要一定周期。从中英文化的"求异"到对优秀文化的认可"求同"，人从"自然人"发展为"社会人"，人性在文化学习中得到形塑。审辨性文化思维的意义在于，学生对目标语言英语文化既不是全盘接受，也不是全部否定，而是通过思考、判断更好地理解英语文化的优点和缺点，同时反观汉语文化，发现且敢于审视自己潜在的认识观念，并质疑行为背后的假设信念。这样才能真正从经济全球化、多极化的视角去汲取世界文化精华，公正评价文化糟粕，坚定文化自信和家国情怀。从知识到能力再到思维，这是一个动态发展的过程，也是一个不断内化深入的过程。[①]

（二）梳理教材，明晰文化知识内容要求

在新版课程标准发展学生核心素养的理念下，中学英语课程改由必修课程、选择性必修课程、选修课程三部分构成。这三类课程形成了一种分享互补的共生关系，能够让学生有更多选择课程的权利和自由。在选修、选择性必修、选修三类课程构建的课程结构整体下，文化因素有更多的机会融入课程开发与实施，以便更好地满足学生文化意识发展的个性化需求。

（三）品读教材，定位中外文化的内容分布

对教材的深挖首先要基于对教材的分析和了解。教师从教材出发，了解教材内容的选择、结构体例、呈现形式，以及编者所传递的教学思想。在立足教材的基础上，教师可以放眼广袤的资源世界，以弥补已有教材的缺憾，并整合教材及其他教学资料，发挥教材的最大功效。

文化知识包含中外文化知识，是学生在语言学习活动中理解文化内涵、比较文化异同、汲取文化精华、坚定文化自信的基础。教材突出文化意识（尤其是跨文化意识）的建构与发展，在彰显世界文化的同时，巩固文化自信，引导学生用英语向世界讲好中国故事。梳理清楚关于中外文化在教材中的内容分布，有利于教师对文化知识的把握。

（四）研读单元，关注文化意识的动态培养

英语教材单元围绕主题语境设计而展开，为学科育人提供了话题和语境。单元语篇材料包罗万象，包括不同题材和体裁的多个语篇，但单元教学绝不是若干语篇的简单堆积，对主题意义的探究始终是单元教学的主线。教师应在主题意义的引领下，关注语篇材料的内容和意义以及单元内部各个语篇之间的内在逻辑，围绕主线整合课程，基于主题把单元各教学板块联系起

---

① 方涵，张建琼.英语学科文化意识的价值、构成与实现路径[J].教学与管理，2021（11）：43-46.

来，使学生与文本之间基于意义的有效对话渗透在主题意义探究活动中。学生通过接触单元中多角度、多层次的语篇，参与主题语境下相互关联的语言学习活动和思维活动，逐步深化对主题意义的认识，从而建构新概念，形成个人观点，在内容和意义的推动下，逐步形成对单元主题意义某一方面的理解。

（五）基于主题，渗透文化意识的育人目标

教师通过分析单元每个语篇的内容及其联系，挖掘文化内涵，明确单元主题意义，进而根据单元主题意义梳理和概括与主题相关的语言知识、文化知识规划单元教学，设定单元教学目标。

从上面各板块的内容和文化意义分析可知，在本单元，学生要围绕单元主题语境内容，基于单元提供的多模态语篇，综合运用各种语言技能，读懂语篇内容，听懂与音乐节相关的对话讨论，并加深对不同种类文娱形式的认识，使用新学语言描述自己喜爱的电视节目，恰当使用现在分词作状语介绍自己的经历，能够写一篇简单的影评，推荐一种积极向上的文娱形式，深化对单元主题意义的理解和挖掘。从文化角度可以渗透的文化意识教学目标如下：

（1）对比中外具有代表性的舞台和荧屏上的艺术形式，正确辨析中外娱乐文化的差异与融合。

（2）阅读外国学生眼中京剧版《哈姆雷特》的故事，结合自身参加学校戏剧表演的经历、观看芭蕾舞剧《牡丹亭》的感受，讨论国外音乐节，体会文化的多样性。

（3）向同学推荐一种优秀的舞台艺术作品和影视作品，创造性地表达自己对某种文化活动的看法。

（六）创设情境，输入多模态的文化知识

模态为听觉、视觉、触觉等感官模态。多模态化是指在一个交流成品或交流活动中不同符号模态的混合体，也可以表示不同的符号资源被调动起来，在一个特定的文体中共同构建意义的各种方式。多模态教学作为一种教学理论主张，它是指利用网络、图片、角色扮演等多种渠道、多种教学手段，来调动学生的多种感官协同运作，参与语言学习，强调培养学生的多元语言运用能力。①

"多模态"可分三层意思来理解：①交流主体的人所拥有的多种感知渠道，如听觉、视觉、触觉、嗅觉等；②交流过程中所依托的物质媒介和技术媒体，如计算机、网络等；③借助前两项生产出来的各种符号资源，如语言、文字、图像、声音、动作等。②

知识的情境化是使知识活化并转化为素养的必经途径。构建从真实的情境中学习（阅读、实验、思考构建）的认知路径，是知识通向素养的必然要求。③因此，教师要创设多模态情境，通过调动学生的听觉、视觉、触觉等多种感官系统参与互动、学习，如试听、听读、诵读、读写、表演等，借助情境引发学生思考，帮助学生理解和感悟，促进其文化意识的提高。随着现代技术的飞速发展，语言表达方式更加多样化，多模态形式的语篇在当今已经很常见。多模态的表达方式需要学生去观察，才能有效地理解，进而促进文化意识的形成。

在面对多模态的信息呈现形式时，教师须具有文化敏感性，深入理解教材的文本特征，思考教材中的标题、注释、插图的文化含义，创设文化语境，挖掘语言材料背后的跨文化生活习惯、历史风俗和思维方式等差异，引导学生发现不同篇章中的文化生长点。

（七）巧设活动，培养文化交流能力

课程标准指出，英语学习活动的设计应以促进学生英语学科核心素养的发展为目标，围绕主题语境，基于口头或书面等多模态形式的语篇，通过学习理解、应用实践、迁移创新等层层递进的语言、思维和文化相融合的活

---

① 曾庆敏.构建多模态的中学英语教学模式[J].重庆文理学院学报（社会科学版），2012（12）：134-138.
② 汪燕华.多模态话语中的图文关系[J].外国语文，2010，26（05）：73-75：121·
③ 余文森.核心素养导向的课堂教学[M].上海：上海教育出版社，2017：153.

动，引导学生加深对主题意义的理解。

（八）完善评价，促进价值观构建

英语课程的教学评价重点是教师通过对日常教学和学习情况的过程性观察、监控、记录和评估，全面了解学生的个性特点、学习效果和发展潜能，关注学生的学习过程和成长经历。教师要客观分析和认真研究评价结果，找出教学中存在的问题及产生问题的原因，及时调整教学计划和教学方法。完成单元教学后，教师可从以下几个方面检测目标的达成情况，反思自己的教学内容与教学方法，撰写教学总结。

（1）通过单元教学，学生能否基于单元提供的多模态语篇，综合运用各种语言技能，理解与文娱活动有关的文章内容？能否听懂并谈论与文娱活动有关的话题？能否讨论并加深对不同种类文娱形式的认识？能否使用新学语言谈论自己喜爱的电视节目？能否恰当使用现在分词作状语进行日常表达？是否会写简单的影评并推荐一种积极向上的文艺形式？能否深化对单元主题意义的理解？教师在课堂教学中如何达成上述目标？有何需要改进之处？具体有何改进方法？

（2）通过单元教学，学生是否了解并能够正确辨析中外娱乐文化的差异与融合？是否能够体会文化的多样性？是否能够理解和欣赏中外文化活动？有何需要修改之处？

（3）通过单元教学，学生能否正确辨析中外文化的异同？能否批判性地看待多种文化活动形式？能否创造性地表达自己对某种文化活动的看法？是否初步具备运用英语进行独立思考的能力？

（4）通过单元教学，学生能否了解中外文化活动，激发英语学习的兴趣？能否多渠道获取英语学习资源？能否选择恰当的策略与方法，监控、评价、反思和调整自己的学习内容和进程，提高自己的理解和表达能力？当今世界，国际合作与交流日益广泛，跨文化沟通与交际日趋重要。人类沟通的主要工具是语言，国际合作与交流、跨文化沟通与交际主要是通过共同理解和有效表达的语言来实现的。一种语言承载着一个国家的文化传统和一个民族的思想方式，一个国家的文化魅力、一个民族的凝聚力主要通过所使用的语言来表达和传递。掌握一种语言就是掌握了通往一国文化的钥匙。学会不同语言，有利于了解不同文化的差异性，进而客观理性地看待世界，理解包容，求同存异，友善相处。

课程育人是国家提出的"十大育人"体系中的重要内容，文化意识也是课程标准提出的英语学科核心素养之一。从微观上看，文化育人关系到把学生培养成爱国敬业的社会主义接班人；从宏观上看，文化育人关系到中华优秀传统文化的传承和传播。

在英语教学中，发展学生的文化意识有助于培养学生的爱国情怀、国际视野、全球意识、跨文化比较意识与文明互鉴意识，以及多元思维认知与审辨能力，中外人文交流、对话与合作的能力，乃至直接学习并汲取世界文化精华与文明进步成果的能力，同时为学生未来参与国际事务、传播中华文化、讲好中国故事、阐释中国特色、参与构建人类命运共同体奠定必要的胜任力基础。[①]

第四节　综合统整的学习能力提升

一、学习能力的内涵

学习能力指学生积极运用和主动调适英语学习策略、拓宽英语学习渠道、努力提升英语学习效率的意识和能力。学习能力构成英语学科核心素养的发展条件。学习能力的培养有助于学生做好英语学习的自我管理，养成良好的学习习惯，多渠道获取学习资源，自主、高效地开展学习。

---

① 梅德明.培养具有中国情怀、国际视野和跨文化沟通能力的时代新人：《普通高中英语课程标准（2017年版）》的学科育人观及实现路径[J].人民教育，2018（11），46-49.

中学阶段是学生学习能力发展的重要时期，教师要把培养学生的学习能力作为教学的重要目标，在教学过程中为学生发展学习能力创造有利条件，帮助学生在英语学习的过程中，学会如何进行自我选择、评判和监控，培养学生自主学习、合作学习和探究式学习的能力。

二、中学英语教学中培养学生学习能力的意义

（一）有利于培养学生正确的学习观念

中学英语教学中，通过对学生学习能力的培养，使学生树立积极、正确的学习观念，唤醒对英语这门课程的兴趣，并对今后的学习方向、路径更加明确。当学生明确了学习方向后，也能够依照自身的实际情况和需求规划学习时间，使英语学习更具针对性和目的性。这样，不仅有利于学生学习水平的提升，而且还可以帮助学生养成良好的学习习惯，让学生受益终身。

（二）有利于激发学生主动学习的意识

在过去，一些教师占据了主体地位，学生往往是按照教师的想法、意愿学习，是一种被动接受的状态。久而久之，学生必定会产生抵触心理，使得教师的"教"和学生的"学"难以融合起来，最终效果自然不尽如人意。培养学生的学习能力，要求教师以生为本，明确和尊重学生的主体地位，自主安排学习内容、方式以及目标，对于整体学习过程，学生能够做到"心中有数"。如此，学习就变成了学生自己的事，实现了由"要我学"到"我要学"的转变。

（三）有利于迎合新时期素质教育要求

现今推崇的是素质教育，它是对应试教育的革新与优化。在具体落实中，相关教学工作者要精准把握素质教育的实质，并在实际教学中合理、科学地运用素质教育理念。在中学英语教学中培养学生的学习能力，与素质教育的要求极为契合，能够助推学生全方位发展。长时间坚持对学生学习能力的培养，学生的学习能力和水平会得到一定提升，这不仅利于中学阶段的学

习，而且对今后的学习乃至发展都有极为积极的现实意义，从而全面增强学生的综合素质。

三、中学英语教学中提升学生学习能力的综合统整原则与策略

（一）基于学习能力培养的中学英语课程整合原则

对于学习能力培养视角下的中学英语课程整合，教师要想顺利达成预期的效果，就必须坚持以下三个原则：①以教材为主线，整合其他资源，增设单元前学习计划与单元后自我评价，帮助学生建立学习自信，以更加积极的状态参与英语学习和探究，以取得更加显著的成效。②以话题为依据，整合多种途径资源，保证课程教学的生活化和趣味性，激发和培养学生的英语学习兴趣，使学生在兴趣的带动下积极融入英语课堂，为学习能力的培养做好充分准备。③教师为导，学生为主。其中，"师为导，生为主"已经成为广大教学工作者的共识。

学生是学习的主人，教师要发挥自身的引路人作用，循循引导，不代替学生学习。在中学英语教学中，教师要以学生为中心，课上整合活动方式，课下整合学习方式，加强生生之间的交流，促进学生的自我表达，辅助学生树立自主学习、合作探究的意识和习惯。

（二）基于学习能力培养的中学英语课程整合策略

1.优化课程结构，鼓励自主学习

课堂是教育教学的主阵地，也是教师与学生进行信息交流的主要途径。基于学习能力培养的中学英语教学，教师要对课堂结构进行优化、完善，科学制定教学目标，呈现教学任务，以此增强学生的学习自主性和主动性。在此过程中，教师要严格遵循新课标的要求，突出学生的主人公地位，为学生搭建自主思考、学习的平台，鼓励学生自主学习，真正成为英语学习的主人。

2.创设学习情境，增强自学意识

在教学改革不断深化的背景下，核心素养理念也愈加深入人心。开设英

语这门课程，并非单纯地传授英语知识，更重要的是培养学生的英语素养，让学生具备适应社会发展和终身发展的必备品格和关键能力。当然，要想达成这一目的，就必须注重学生主观能动性的激发，使学生自愿、自主地进行学习，这样才能够获得理想的成效。教师要加强课堂氛围的营造，为学生创设良好的学习环境，使学生积极投身于英语学习和探究。为了取得更加显著的效果，教师还可以改变教学方法，如采用情境教学法等，激发学生的探究意识，让学生独立思考、深入探究。需要说明的是，在情境创设中，教师要紧密联系学生的日常生活，唤醒学生的已有经验和阅历，促使学生踊跃参与其中，解决学习中的问题。这样可以增强学生的自主学习意识，引导学生思考，对知识展开进一步探究，帮助学生提升自信，萌生期待心理，逐步实现对学习能力的培养。

例如，在教学"Animals in Danger"这部分知识内容时，可以明确的是，本节课将要讲述的是一篇关于濒危动物现状的课文，通过了解野生动物濒危的原因和历史，探究人类活动与动物生存之间的联系与影响，深刻思考人与自然和谐共处的关系、人类与社会经济发展的关系。在正式教学时，教师可以创设如下问题情境："What are the endangered animals in the world？What are the main reasons for the endangerment of endangered animals？As teenagers, what can we do for endangered animals？"通过开放性的问题，引发学生思考，并展开自主学习，这样能够使其更加充分地学习本节课的内容，并有效锻炼其学习能力。

3.设计学习任务，培养学习能力

可以说，学生学习能力的培养与其内生性感悟息息相关，在陈旧的灌输式课堂教学中，很难实现对学生学习能力的培养。所以，教师要积极学习先进理念，严格遵循"师为导，生为主"这一原则，采取科学、有效的手段和方法发挥学生的主体作用。在此过程中，为学生设计合理的学习任务，让学生通过亲身实践完成，这是一种切实可行的方式。需要注意的是，开放不等于完全放开，教师要扮演好点拨者的角色，时刻关注学生的动向，一旦发现问题，及时予以指导、帮助，保证学生顺利完成学习任务。另外，学习任务的设计也是不容忽视的一点，教师在设计任务时，要深入挖掘、剖析教材内容，了解学生的学习情况、学习方式、求知方式以及现有学习资源等，确立教学目标、重难点知识，进而制定与学生实际需要相符的任务，让学生在任务的引领下展开高质、高效的学习。

例如，在教学"My New Teachers"这部分知识内容时，教师可先要求学生运用以往所学的知识描述教师，这样不仅可以帮助学生巩固旧知，而且还可以自然进入本节课的内容。在巩固旧知的基础上，教师邀请学生表达对教师不同风格的看法，为听力及阅读环节扫清障碍。接着，教师对学生的听说能力以及信息获取能力进行训练，鼓励学生说说对教师风格的见解，并展开交流、探讨。最后，教师可以展示学生熟悉的任课教师的照片，让学生运用课堂所学描述教师的特征，以小作文的形式进行呈现。这样，学生能在教师的引领下积极思考、探索，将课堂所学的语言知识运用于实践。对学生来说，这是一个不错的锻炼机会，学生的学习能力在无形之中得到了良好培养。

4.开展课外活动，增强应用能力

英语是一门语言类课程，有着一定的人文性和工具性。它的本质属性使英语教学呈现出开放的特点，其中，课外学习活动在培养学生学习能力方面有着极大的促进作用。新课标明确指出，英语教学要注重实践活动，通过现实生活或模拟现实生活，让学生在熟悉的场景中运用英语，加深对英语知识的理解和掌握。对于学习能力培养视角下的中学英语教学，教师也要注重这一点，加强英语课外活动的设计、开展，给学生创造丰富的实践机会，使学生在实践中思考、分析以及解决问题，为学习能力和知识应用能力的发展助力。

例如，在教学"Films and TV Programmes"这部分知识内容时，教师可结合具体教学内容，在课后开展趣味英语实践活动。可以让学生结合自身情况，自由寻找伙伴，组成学习小组，选择最喜欢的一部电影或电视剧，表演其中的经典片段。还可以让学生围绕自己最喜欢的电影或电视剧，写一篇观后感或心得体会，开展英语演讲比赛……为了在活动中有精彩表现，学生会尽自己最大的努力收集、整理资料，这正是培养学生学习能力的直接印证。

5.完善教学评价，促进共同进步

教学评价是课程教学中不可或缺的一个环节，良好的评价可以帮助学生及时发现自身的长处和不足，在改进不足的同时发扬长处，而且便于教师了解学生的学习情况，并根据具体情况优化教案，进而提高教学的有效性。但是，长时间以来，这个环节是最容易被忽视的。对于基于学习能力培养的中学英语教学，教师要对评价环节予以充分重视，并且认识到评价目标、标准以及方法等对教学的影响，健全、完善评价机制，创新评价方法，让学生更加注重英语学习。在教学评价中，教师要凸显随堂测试的价值，加大对学生综合语言能力培养的力度，把握学生的学习兴趣、策略以及行为，并有意识地指导学生调整。除了教师评价，还可以让学生自评、互评，让学生自我反思、探索，用科学的方法学习在原有基础上获得进步、提升。

总之，基于学习能力培养的中学英语课程整合，是迎合时代发展的必由之举，更是提高教学实效、发展学生英语素养的必由之举，重要性不言而喻。作为新时代的教师，我们要与时俱进，将学生学习能力的培养放在重要位置，通过切实可行的方法促进课程整合，努力构建高效英语课堂，使学生在获取丰富知识的同时，形成良好的学习能力，为学生未来的学习和成长奠定基础。

第五章 以精选课程内容为引领培养学生素质的策略

第一节 基于学情角度选择课程内容

学生是英语学习活动的主体，因此在课程资源开发和利用的过程中，教师需要对学生的学情进行精确细致的分析。作为课程资源的开发者，教师应该充分考虑到学生的生活经验、认知水平、兴趣爱好、个性特点等因素，选择和构建适合学生发展的课程资源。在教学过程中，教师要做到"目中有人"。教学前，设定适合学情的教学目标，以便更有针对性地利用课程资源，促进学生英语学科核心素养的发展；教学时，通过观察、师生互动等方式，关注学生的学习过程和学习效果，适度调整教学流程；教学后，对学生的学习效果进行反思和评价，为之后课程资源的开发和学生的后续学习提供依据。

一、课程资源的定义和分类

关于课程资源的概念，不同学者都给出了不同界定。课程资源的范围是比较广的，包括课程设计、实施等过程中的物质和人力。吴刚平根据课程资源的功能特点，把课程资源划分为素材性资源和条件性资源两类。其中，素材性资源的特点是作用于课程，并且能够成为课程的素材或来源，它是学生学习和收获的对象。例如，知识、技能、经验、活动方式与方法、情感态度和价值观以及培养目标等方面的因素，属于素材性资源。条件性资源的特点是作用于课程却并不是形成课程本身的直接来源，并不是学生学习和收获的直接对象，但它在很大程度上决定着课程的实施范围和水平。例如，直接决定课程实施范围和水平的人力、物力和财力，以及时间、场地、媒介、设备、设施和环境等因素就属于条件性资源。在中学英语教学过程中，有利于学生有效学习、促进学生英语学科核心素养发展的素材性资源和条件性资源都可以作为有效的课程资源。

二、学情分析模型

学情分析是指教师对学生在学习方面有何特点、方法、习惯、兴趣、知识储备、能力水平、心理需求等情况的分析。在课程资源的开发和利用过程中，精确细致的学情分析凸显了学习过程中学生的主体地位，使课程资源内容更具适切性，教学过程更具生成性，同时满足了不同学生的个性化需求，促进学生英语学科核心素养的提升。

布鲁纳对学情的分析，重点强调以下三点：①教师从事知识教学时，首先要与学生的经验相配合，组织适当的材料，要让每个学生都可以从中学到知识；②材料的难度和逻辑顺序需要以学生的精神发展和认知水平为基础，结合学生的知识和经验进行适当的安排；③在材料的难易配置上，要考虑如何能维持学生的学习热情。材料简单，学生学起来没有成就感；材料难，学生容易产生挫败感。他所提到的分析学生的经验、认知水平、学习热情等都是学情分析的重要内容。现代教学设计理论认为，在教学前教师能够按照学生的实际需求、能力水平和认知倾向进行教学设计，在教学过程中能关注学生更有效的学习，都是提高教学效率的重要因素。

张洪提出构建学情分析模型，有助于从多个角度去构建完整的教学体系。课前学情分析是基础，课中学情分析是重点，课后学情分析有助于教师教学能力的提升。①

在课前进行学情分析时，教师不仅应关注学生现在的状态（包括相关知

---

① 张洪.高中英语教学学情分析探究[D].哈尔滨：哈尔滨师范大学，2019：14.

识、学习能力、认知水平等），还应关注学生学习过程中可能遇到的困难。教师应根据具体班级、具体学生的情况，设定适切的教学目标。根据维果茨基的理论，学生的发展有两种水平：一种是学生的现有水平，指独立活动时所能达到的解决问题的水平；另一种是学生可能达到的水平，也就是通过学习所获得的发展。学生可能达到的水平也应该是教师在进行教学设计时应该考虑的因素。也就是说，在课前，教师还要考虑到学生的"最近发展区"；在课堂教学中，教师更要做到"目中有人"，通过观察、互动等方式，了解学生的学习状态。教师应鼓励学生进行思考和探究，通过师生互动和学生进行真诚的交流。生生互动可以形成学习共同体，加深学生对主题意义的认知，丰富学生的内心世界，使每个学生都得到成长和发展。教学后，教师应对教学效果和学生的学习效果进行反思和评价，教师可以通过问卷调查、访谈等方式了解学生对学习内容的掌握程度和喜好程度，为之后的课程资源开发提供依据，以促进学生的进一步发展。

另外，新版课程标准提出的中学英语学业质量设置的三个水平也可以作为学情分析的重要依据。这三个水平是根据问题情境本身的复杂程度，问题情境对相关知识、技能、思维品质的要求，以及问题情境涉及的情感态度和价值观等进行划分的。在实际教学中，一级水平对应着"中学英语学业质量水平一"的要求，满足中学毕业的基本要求，也是中学生能合格通过英语学业水平考试的能级要求。二级水平对应着"中学英语学业质量水平二"的要求，满足高考升学考试的需求，是中学生参加高考的必备能级水平。三级水平对应着"中学英语学业质量水平三"的要求，满足学生进一步提高并参加相关高水平考试或测评的需求。

这里需要阐明的是，虽然学业质量的三个水平分别对应完成必修、选择性必修和选修内容学习后学生的水平，但是并不意味着这代表每位学生的英语水平。有的学生在中学前英语水平可能已经达到了"水平三"，有的学生可能到高三时还并没有达到"水平二"。因此，教师在教学的过程中应该对学生具体分析，以求开发出更适合学生的课程资源，从而更好地利用各类课程资源提升学生的英语学科核心素养。

三、基于学情开发课程资源的原则

在这个信息爆炸的时代，课程资源随处可得，打开搜索引擎或视频网站，输入关键词，得到的结果数以千计。但事实上，在海量的信息中，要找到适合学生学情的课程资源，并不如想象中那么容易。有的资源难度过大，有的资源内容并不准确，有的资源看似丰富但却对学生理解主题意义毫无帮助。教师在开发课程资源时，对资源的筛选应注意以下三个原则：

（一）适切性——以学生的基础为出发点

学生的学习基础分为两个方面：一方面是语言能力基础，另一方面是认知基础。在根据学情开发课程资源时，这两方面都应有所侧重。教师要利用多种方式了解学生的语言基础（包括预习单、随堂测验、纸笔测试、访谈、写作练习等），为选择合适的课程资源并进行有效教学提供重要的依据。在学生学习某个主题内容时，教师要观察学生关于该主题已经有哪些知识和经验，可能欠缺哪些知识和经验，由此分析和确定学生学习过程中可能会遇到的困难。

针对语言基础薄弱的学生，教师应在充分利用教材的基础上，选择能巩固学生学习效果的课程资源，推动学生达到相应的学业质量水平。如学生学有余力，教师则可结合教材主题向学生推荐内容丰富、形式多样的资源，帮助学生拓展对主题意义的理解，进一步发展学生的语言能力，提高其审美、鉴赏和评价的能力。例如，在学完一个语篇之后，对于基础薄弱的学生，教师可以提供与主题中语言知识相关性比较高的语篇，让学生巩固所学知识，也可以让学生通过仿写、改写等形式巩固所学知识；对于学有余力的学生，教师可以提供同主题语篇让学生进行"群文阅读"，在学生阅读之后组织学生进行开放性更高的辩论、讨论等活动。这些活动不仅能提升学生的综合语言运用能力，而且还能深化学生对主题意义的理解。

（二）趣味性——以学生的兴趣为突破点

"教育就是点燃火焰。"学生是学习的主体，启发学生、激励学生自主地投入学习是教师的重要使命。教师应该帮助学生拓宽英语学习的途径，了解英语学习的意义，感受英语学习的乐趣。

兴趣是最好的老师，教师可以提供各种平台（如英语演讲比赛、每日英语报告等）让学生用英语介绍自己喜欢的话题，如音乐、运动、电影、娱乐等。在此过程中，学生的自主选择是非常重要的，教师要学会放手。教师可以在语言方面给予学生一定的帮助，但是在内容方面一定要给学生充分的自主选择权。那些对学生有吸引力的话题，能有效激发他们对英语学习的兴趣。例如，教师布置一项写作任务，为自己喜欢的一部电影撰写影评。这个任务对学生来说就非常有吸引力。在学生写作前，教师除了要给学生提供影评的基本结构和影评中常见的句型等，还要给学生提供自由表达的空间，让学生积极收集资料，认真撰写，最后完成一篇有深度的作文。

教师还应利用各种活动资源（如英语配音比赛、诗歌朗诵比赛、英语歌唱比赛、英语戏剧节等），让学生在活动中感知语言，提升语感，培养学习兴趣。另外，信息技术的发展为英语学习提供了极大便利。教师也可以在课前三分钟利用各类英语软件为学生播放英语视听材料，激发学生的兴趣，让学生通过英语了解更广阔的世界，拓宽学习英语的路径。

（三）有效性——以提升学生的核心素养为落脚点

课程资源的开发要以提升学生的核心素养为目的。课程标准指出，如果学生在面对复杂的跨文化情境或现实生活中的问题时，能够做到以下几点，就可以说明学生已经具有英语学科核心素养：①基于不同情境，有效运用所学知识和听、说、读、看、写等技能，主动获得文化知识，深刻理解文化内涵，善于比较文化异同；②通过分析概况、整合推断、批判评价各种问题或思想观点，吸收文化精华，有理有据地提出自己的观点，创造性地解决问题；③在理解与交流的过程中，有效运用各种策略和方法，达到沟通与交流的目的，体现正确的价值观和自尊、自信、自强的精神。

学科核心素养不是一朝一夕培养出来的。因此，在学生学习的不同阶段，教师应该有意识地、整合地利用各类课程资源，提升学生对主题意义的理解，关注学生学科核心素养的培养。

四、基于学情有效利用教学资源的策略

巧妇难为无米之炊，有了做饭的材料，还需要好的烹饪方法，才能做出营养又精致的菜肴。同样的道理，在利用课程资源的过程中，教师应尊重不同学生的基础和需求，设计出符合英语学习活动观的有效学习活动，帮助学生在自主合作、探究中习得语言，深化理解、体验生命成长的过程。下面详细阐述四个基于学情有效利用教学资源的策略。

（一）个性化学习——任务设计中尊重需求

总有教师抱怨学生能力差，完不成预设的任务，但通常教师在教学设计时并没有考虑到学生的需求。其实，即使基础再差的学生也是有语言基础、有词汇量的。

（二）探究学习——课堂互动中深化认知

在课堂上，教师要和学生进行思想互动，要带领学生和文本互动，与同伴互动，让思维在课堂流动。教师不仅要引导学生，而且更要学会倾听，关注学生发出的不一样的声音。

（三）合作式学习——小组活动中各显神通

根据加德纳的多元智能理论，每个人都拥有语言智能、逻辑与数理智能、音乐智能、人际交往智能、内省智能、自然观察智能等多元智能。每个学生的智能情况各不相同，学生的差异性不应该被当作是教学负担，而应该是教学的宝贵资源。

（四）自主式学习——信息平台打破课堂局限

学生的作品也是非常重要的课程资源。在学生进行创作之前，教师应给出恰当的指导、明确的要求、供学生参考的材料等；在学生创作结束后，教

师可以利用网络平台，让学生通过留言方式进行交流，通过投票平台选出优秀作品，在课堂加以展示。纵观整个活动过程，学生积极主动、相互协作，教师适时点拨，获得了较好的学习效果。可见，只要给学生布置适当的任务并给予一定的支持，学生的自主学习是切实可行的。此外，信息平台在这个活动中起到了非常重要的作用，它打破了课堂的局限，实现了学生和学生之间、教师和学生之间的高效互动，也实现了课内和课外的联动。

第二节　教材与课程资源之间的关系

新版课程标准颁布后，中学英语教材启动了新一轮的修订工作。新教材秉承新课程的理念，对教师的日常教学起到了指导和引领的作用，也提出了更高的要求。教师应根据自身的个性和学生的实际情况，对教材内容进行合适的增、删、改、换，让课堂更为高效，更适合学生的深度、有效学习。在课堂外，教师则可以给学生推荐一些合适的视听资源和阅读材料，积极为学生的课外学习活动创造条件。基于此，本问题将重点讨论教材与课程资源的关系，以及在课堂内外整合教材与其他课程资源的策略和方法。

一、教材的基础地位

教材是实施课堂教学、达成教学目标的重要载体和案例文本，是严格依据国家课程标准编写并通过教育部审核的、体现国家教育方针、传授系统知识、为师生构建教与学可以依托的优质内容和基本流程，其设计意图是推动学生达成课程目标、发展核心素养。张献臣认为，教材是教学资源的组成部分，是教学资源的核心。教材是课堂教学的根本依托，其内容是进行课堂教学和实现课程目标的基本保证。因此，教材应当得到充分有效的利用，这一点对薄弱地区的学校尤其重要。

新编中学英语教材秉持新课程理念、实践六要素整合的英语学习活动观，坚持育人导向，兼顾中学英语课程的共同基础与个性发展，强调以学生的学为中心，同时突出教师的重要引导作用，并彰显出评价的促学作用，促进信息技术与教学内容的融合。教师应认真研读教材，理解教材编写者的思路、教材内容所传递的主题意义和活动设计的逻辑；充分利用教材提供的材料，发挥教材应有的作用，并设计具有综合性、关联性和实践性的英语学习活动，帮助学生通过学习理解、应用创新、迁移创新等一系列融语言、文化、思维为一体的活动，深化对主题意义的理解，培养核心素养。

二、教材和课程资源的关系

在教学中，教材是基础，而其他资源是教材的有益补充和拓展。面对众多的教学资源，教师应当以教材为抓手，基于学生的能力水平、学习习惯、兴趣和学习目标选择合适的课程资源，恰当地拓展课程资源，以促进学生的有效学习和英语学科核心素养的形成与发展。

教材各单元涵盖了"人与自然""人与社会""人与自我"三大主题语境和若干小语境，这些语境不仅规约着语言知识和文化知识的学习范围，而且还为语言学习提供了意义语境，并有机渗透情感、态度和价值观。教材的主题语境是成系统的，从必修课程、选择性必修课程到选修课程，对学生在语言、文化、思维等方面有不同要求。因此，在选择其他课程资源时，教师要遵循教材的主题语境，在学习相关话题单元时，补充相应的各类课程资源。

除了考虑话题的相关性，在选择课程资源时，教师要注意将课程资源有机融合在课堂教学过程中。以视频资源为例，有不少教师的做法仅仅是将视频资源作为课堂导入或者课后拓展的内容。其实，好的视频资源可以深化学生对主题语境的理解，启发学生的思路，促进学生新知识和旧知识的互动，形成新的认知。

此外，补充不同类型的课程资源可以通过相应方式促进学生学科核心素养的提高。补充议论文语篇，可以培养学生的批判性思维能力；补充文学性语篇，可以提升学生的人文情怀。视频资源直观性强，有助于深化文化知识的拓展，深化学生对主题语境的理解。呈现与学生生活密切关联、鲜活有趣的教学内容，可以更好地激发学生的学习兴趣。

三、中学英语教学中教材课程资源整合的价值、原则与策略

（一）中学英语教材资源整合价值

新课程标准下的中学英语教材版式设计更加合理、教材内容更加丰富、教材结构更加明晰以及知识体系更具有逻辑性，这些都为中学生的英语学习提供了有力的素材支撑，但由于学生之间存在个体差异，统一的教材并不一定适用于所有学生。因此，在中学英语教学实践中，依据学生的个体差异以及学习能力、水平上的层次差别，对中学英语教材资源进行合理整合优化，有助于分层次教学在中学英语课程的开展，真正地落实因材施教的教育理念。结合学生实际，对英语教材资源进行有效的整合，便于分层次教学策略的实施，是中学英语教材资源整合的重点内容。中学英语是一门语言学科，重在语言的学习与运用，对英语教材资源的整合也是为了更好地开展教学活动，促进课堂教学效果的提升，因此，新课程标准背景下，做好中学英语教材资源的整合势在必行。

（二）中学英语教材资源整合的原则

中学英语教材资源的整合需要遵循一定原则，才能保证教材的作用得到最大化发挥。

（1）目标性原则是教材整合的首要原则。教材资源整合的目标要以服务学生、提升课堂教学效率为主，结合中学英语学习在语言知识、学习策略、语言技能、情感态度和文化意识五个方面的能力目标，进行英语教材资源的有效整合。

（2）对于中学英语教材资源的整合并不是为了增减而增减，而是需要遵循学生实际原则，以学生为中心开展教材资源整合工作。充分了解中学生的学习实际情况、并以此为依据选用合适的教材内容开展课堂教学活动，积极

引导他们主动参与到课堂学习中，充分培养英语学科的语言能力，提升综合素质。

（3）对中学英语教材整合的最终目标就是为了提升教学效果，因此，教学效果最优原则也是中学英语教材资源整合的重要原则之一。设定好教学目标，按照不同层次的学生对于教材的实际需求，做好教学效果的预测，明确英语教材资源整合的方向。中学英语教材资源整合的理论依据在于新课程标准指出：教师完成课程教学任务时，需要充分分析教材内容，深入了解学生的学习需求，并对教材内容作出合理的调整和补充。灵活地使用教材是提升教学效率的重要手段，教材本就应该服务于教学，任何教材的设定都不可能满足所有学生和教师的需求，因此，进行合理的整合优化是促进英语教材资源利用最大化的有效方式。

（三）中学英语教学中教材课程资源整合的策略

1.提升教师教材资源开发的主动性

提升教师教材资源开发的主动性，首要工作是让教师明确教材资源开发的主要内容与方法，避免教师对教材资源开发产生错误的认识，避免教师因过高地估计其难度，降低了积极性与信心。

（1）教育部要对教师展开培训，使其明确教材资源开发遍布整个教学进程，如在英语教学中播放视频帮助学生感受英语表达，使教师明确教材资源开发就是在教育进程中想方设法地帮助学生加深对知识的理解，是每个教师日常工作的主要内容。现阶段提出教材资源开发是为了将教师教学经验整合，创造出更好的教学模式，进而增加教师的自信心，提升教师的积极性。

（2）教育部要为教师提供教材资源开发的成功案例。教师的教学经验会帮助教师更好地解决教学进程中的传统问题，但也会限制教师的思维，使教师在面对新型问题时较为无力。所以教育部为教师提供资源开发的成功案例要多集中于多媒体设备的应用、英文歌曲与电影片段的插入和教学实物的应用等，为教师打开思路，确保教师教材资源开发的方法创新性与对象广泛性。

（3）校方要派遣人员定期进行课堂审查，确保教材开发的成果应用到日常教学当中。教师通常拥有固定的教学模式，且越是优秀的教师，其教学模式越固定。教师在教学进程中会无意识地遗忘教材开发成果，虽然优秀教师可能会在课程结束后进行补充，但丧失了情境的方法则难以取得较好利用。所以校方要派遣人员进行巡查，提醒教师在课堂教育中使用教材开发成果，帮助教师重新建立课程体系，提升英语教学成果，使成果反作用于教学本身，促进教、研结合体系的建立。

2.优化教师教材资源的使用

教材资源的综合使用可以明显提升英语课堂效率及学生学习成绩，所以教师在对教材资源的含义及开发方式有充分了解之后，要尝试结合学生实际情况开展教材资源的综合使用，提升英语教学成果。

（1）课本解构

课本解构是教材资源综合利用的首要条件。教师在对教材资源开展综合利用时，应对教材内容调整，包括对教材的增删、引申和拓展等，即创造性地使用教材，从而提高课堂教学效果。若未进行课本解构，就会导致课堂教学仍以课本为主导，教材资源的使用也会受到较大限制，教材资源开发也只会停留在表面。

第一，教师要对课本有充分了解。解构课本不等于放弃课本，课本仍是教材资源的核心，是课程内容的指导。教师要从课本中提取出句式解构和语法词汇，放弃课本中教学模式与教学流程，以学生需求为基准进行针对性知识传授，加强英语教学的个性化。同时，教师可对课本重点内容进行重新排列，加强跨学科的沟通，使英语词汇教学与其他学科教学内容有关联性，强化学生短时间内的学习主题，使学生知识印象更加深刻，从而提升课程教学效率。

第二，教师要尝试将解构后的内容与其他教材资源加以综合运用，提升学生的掌握程度，避免解构后进行重点知识灌输，使解构工作失去意义。同时，在教材资源综合运用的进程中，教师要注意突出重点，加强资源与知识的联系。如在"Earthquake"一节中，教师可采用播放地震视频的形式进行课堂导入，并将课程需要掌握的重点词汇如quake、right away、crack等在视频的适当位置插入，要求学生猜测单词的释义，以增强学生对单词的记忆。但教师在视频编辑过程中要尽量减少受灾人员的出现，避免激发学生的同理心，而降低课堂教学效率。

（2）合理利用教材资源

教材的过度开发常出现在年轻教师的课堂上。年轻教师拥有强烈的创造精神与工作热情，但常会由于缺乏教学经验导致教材资源填满整个课堂。如教师为了烘托气氛，在课前播放与本课题无关的英文歌曲，而后直接进入主题，或采用大量的实物进行单词讲授，学生整个课程都在努力寻找教师的思路，没有时间进行思考与整理知识，导致学生的知识掌握程度极低。

教学经验较少的教师在进行课程资源开发时要重视备课工作，同时虚心向经验丰富的教师请教，让其对教学预案进行修改，合理控制资源开发与知识传输的比例，在多个资源使用间留下充足的时间帮助学生加深对知识的印象，理解教材资源与课本知识间的内在关系，使教材资源更好地为学生学习服务，切实提高学生的学习效率。

（3）平衡教材资源种类的比例

英语教材资源使用的矛盾大多体现在听说与读写比例失衡上。由于部分教师对学生听说培养的过分重视，读写能力大多成为学生的自学内容。同时，由于听说训练更加贴近生活，导致现阶段教材资源的开发大多集中于听说能力训练上。

一方面，教师要明确英语教学内容均衡性的重要性。尤其在中学阶段，学生的读写能力直接影响学生的高考成绩，对学生的未来有巨大影响。所以，教师应加强课堂读写能力训练，不只是让学生背单词，还要在适当的时间内帮助学生进行单词复习，加强学生的记忆深度。如通过正在进行的课程内容联系已经学习的单词，使学生一周内多次接触已经的背诵单词，加强学生的长时记忆。

另一方面，加强读写练习的教材资源开发。学生读写能力提升最大的敌人是兴趣缺乏，兴趣缺乏的主要原因为课本与练习材料中提供的素材较为简单，学生在写作过程中缺乏论点，往往需要依靠复杂的句式达到用词量要求。所以，教师在读写能力教材资源开发上的主要方向为向学生展示英语的本来面貌。如教师在教学进程中可将部分课本案例替换为名著选段，加强学生的英语理解能力；教师要将学生的日常写作题目更换为社会热点问题，增强学生写作兴趣。

教材资源开发可以有效提升课堂教学效率与活跃程度，尤其在中学阶段，教材资源的合理运用可以减少学生的学习压力，促进学生健康成长。教师要积极改进自身，正确认识教材资源，努力开发教材资源，合理运用教材资源，从而提高课堂教学效率。

（4）巧妙分析学情，适时增补内容

虽然新课程标准下的中学英语教材内容更加丰富，但是并不意味着能够满足全体学生的学习需求，而且对于中学英语这门语言学科的学习来说，还要兼顾学生其他方面的发展。英语教材资源整合中的增补内容是对中学英语知识的补充，也是促进中学生实践知识技能提升的重要手段。结合教材中每个单元内容的主题，适当地进行知识的延伸、拓展，有利于中学生英语学科听、说、读、写等方面综合素质的提升。例如，在新课标中学英语教材中有一个单元的主题为"Friendship"，在教材内容基础之上，可以围绕这一主题进行阅读和写作技能的提升，这有利于提高学生的人际交往能力。或者增加一个说与听（Speaking and listening）环节，既能锻炼学生的语言运用能力，又能引导学生树立正确的交友观。当学习到"Earthquake"这一单元的内容时，对于教材资源的整合十分重要，可以结合已有的教材内容进行适当的增补，创设具体的教学情境，向学生们普及地震自救知识。增补的内容更能吸引同学们的注意力，激发对英语学习的积极性，带动学生们自发、自主地参与到课堂教学中，实现英语知识学习和实践知识技能的双重提升。大部分教材整合增补的内容都是英语知识的延伸与发展，融合了学生个体发展的相关实践知识技能，对中学生的全面发展具有十分重要的促进作用。在中学英语教材资源整合过程中，巧妙分析学生的实际情况，充分了解学生在不同学习阶段的实际需求，在已有教材内容基础之上进行整合优化，适时地增补部分教材内容，是提升中学英语教材资源整合水平的有效手段。

第三节　合理组织和利用课程内容的策略

根据新版课程标准的精神和要求，结合上述核心素养培养背景下根据学情合理组织和利用教学资源尚存在的问题分析，英语教学资源的组织和利用可以通过如下策略得以循序渐进地稳步推行。

一、准确理解和把握英语教学资源的本质内涵

准确理解和把握英语教学资源的本质内涵是在核心素养培养背景下，根据学情合理组织和利用教学资源的基本条件与必备前提。

课程资源可以分为素材性资源和条件性资源两大类和若干小类。[①]素材性资源不仅包括大家熟知并经常使用的外在物化载体资源，而且还包括容易被大家忽视的内在生命化载体资源，如师生在教学交往中形成的经验、感受、理解、创意、问题、困惑、方式、方法、情感、态度、价值观等精神层面的隐性资源。

素材性教学资源可以直接作用于教学过程，作为教学的显性素材来源；条件性教学资源则影响着教学的全过程，在很大程度上决定着教学的范畴和水平。对英语学科来说，外在物化载体资源还应包括各类英语辞典、分级读物、语音或视频材料，以及在线或离线的英语学习软件、互动交流活动等资源。

特别值得一提的是，各种互动交流活动应别具语言学科特色，符合英语的交际性、工具性特征。例如，在实际教学过程中，英语教师可以组织学生在一阶段的学习之后利用所学知识制作学习小报或者学习道具，并当众展示所学成果；学生可以结伴走进社会，到各行各业中探索英语学习素材，或者

---

① 吴刚平.中小学课程资源开发和利用的若干问题探讨[J].全球教育展望，2009（03）：19-24.

到外企采访,与外国人面对面交流;学校还可以举办英语学习夏令营,邀请外籍教师做英语文化讲座等。合理选择英语教学资源,有助于学生体验真实的英语语境并进行表达。

二、挣脱教材的束缚,拓宽选材的渠道

在英语教学过程中,教材一直以来都是首选的教学资源。但是,由于教材编写周期长、更新慢,并且内容、篇幅和形式都十分有限,英语教学过程中有必要合理组织和利用其他的教学资源以克服教材的局限性。从当前我国课程改革深化发展的趋势来看,凡是有助于创造出学生主动学习与和谐发展的资源都应该加以开发和利用。同理,凡是有利于培养学生核心素养的教学资源也都应该合理组织和利用。涉及客观知识的素材性教学资源的选择要关注其真实性和可靠性,同时要打破对教科书的迷信,更要鼓励学生对教材的质疑和批判精神,培养他们的批判性思维能力。

中学英语学科的学习不能止步于教材内容,对于中学英语教材资源的整合应该大胆地跳出教材本身的框架,开发新的课程资源,结合学生的校园生活,充分利用当下流行的多媒体信息网络技术,挖掘其他的教学资源用来补充中学英语教材资源的空缺。围绕英语教材中的相关话题,为学生布置信息查找的学习任务,并将自己查找到的信息进行整合,整理成教学素材在课堂上进行分享,扩充中学英语教材资源的内容。英语教材是中学英语学科重要的教学资源,跳出中学英语教材的框架,进行全新教材的开发,要经过重重的整合与筛选,确保开发的新教材符合学生的认知水平,满足学生的学习需求。开发课程资源也可以结合区域文化,整合带有区域特性的教材资源,将日常生活中的名人事迹编入教材,使之为英语学科的课堂教学所用。在开发课程资源的过程中,可以结合英语教材之外的配套资料,择优选用,进行有机整合,最大化地利用外界的课程资源。新课标下,对中学英语教材资源整合的最终目的是使教材资源的作用发挥到最大化,跳出教材框架,开发课程资源,内外结合,充分发挥教材资源在英语教学中的重要作用,全面提升中学生的英语综合能力。

一线英语教师要结合教学实际组织和利用教学资源，但要注意克服教材指向的教学内容和知识点的束缚，以免在教学活动中过度关注教学内容和知识点，从而失去利用教学资源培养学生学科核心素养的价值。因此，在组织和利用教学资源的过程中，真实、地道、完整、多样的英语素材应当成为首选，要避免过多使用以教材为中心编制的练习题、检测题等应试性的教学资源。新版课程标准明确指出，教师要学习和利用网络提供的实时、个性化学习资源，为学生搭建自主学习平台，帮助学生拓宽学习渠道，深化信息技术与英语课程的融合，提高英语学习的效率。信息技术正以飞快的速度进入校园、课堂，融入教师和学生的生活，给广大一线英语教师提供了更灵活、方便、快捷、多角度的教学服务和教学资源。在英语教学过程中，英语教师要善于甄别，选择合适的数字资源和教学手段来努力营造信息化教学环境，确保网络资源的应用能有效拓宽学生学习和运用英语的渠道，并在正确筛选和使用网络资源的基础上培养学生的英语学科核心素养。

三、基于学情合理组织和利用教学资源

学情分析在英语教学活动过程中是基本环节和重要内容。在课前，通过学情分析，对影响学生发展的因素进行讨论、研究，可以帮助教师全面了解学生，为教学内容的取舍、教学方法的选择以及教学起点的确定等指明方向，有利于教师在教学过程中因材施教、因势利导，从而提高课堂教学效果，最终促成学生学科核心素养的培养。在精准关注学生差异的基础上，教师就能更为准确地确定教学目标和内容，继而合理组织和利用教学资源。

（一）依据课程标准要求分析学生学情

新版课程标准指出，中学英语学业质量设置三个水平。这三个水平是根据问题情境本身的复杂程度，问题情境对相关知识、技能、思维品质的要求以及问题情境涉及的情感态度和价值观等进行划分的。学生通过对指定课程的学习，达成每一级学业质量水平（水平一、水平二、水平三）相应的要求，从而达到一定的素养水平（一级、二级、三级）。

对不同需求或不同能级水平的中学生来说，他们的学情不同、需求不同，教师组织和利用教学资源的方式和策略相应存在较大的差异。在整个中学英语课程体系中，必修、选择性必修、选修教材是各个阶段课程中担当核心素养培养任务的基本单位和主要抓手，承载着学科核心素养培养的目标任务，可通过英语课程学习促进学生发展。因此，教师根据不同层级水平学生的不同学习需求、教材使用情况，整合其他教学资源，展开有效教学，显得极为关键。

（二）确定指向核心素养的教学目标

做好了学情分析，就有了确定教学目标的重要依据。此外，英语学科课程的育人总目标为具体教学目标的确定指明了方向。发展学生的学科核心素养为实现课程总目标提供了具体路径和育人平台，同时为课堂教学目标的确定提供指导和引领，要求通过实际的课堂教学落实学生语言能力、文化意识、思维品质、学习能力四个维度核心素养的发展。

教学目标是教学活动的出发点和归宿，只有制定科学合理的教学目标，教学的质量和效果才能得以保证，从而促进学生的发展。教学目标既要体现对全体学生的基本要求，也要关注学生的个体差异，兼顾整体的进步和个性化的发展需求。教学目标在清晰、具体、可操作的同时还要做到可检测，方便对每项目标进行及时反思和评价，从而根据评价对教学活动作出调整和改进，确保有效教学。教学目标的制定应指向学科核心素养，教学活动应以培养和发展学生相应的学科核心素养为目标。

指向学科核心素养的教学目标基于学生内外共同发展的要求，主要表现为语言能力、文化意识、思维品质、学习能力四个方面的培养。确定指向学科核心素养的教学目标时，需要基于课程标准、选择的教学内容、凸显学生的主体地位、关注教学评价，最终达成培养学生学科核心素养的教学目标。

（三）合理组织和利用各类教学资源

教学资源是为教学目标的实现所服务的，因此，教师组织和利用教学资源的根本目的在于教学目标的有效达成，为此，教师在选择教学资源时要以教学目标为方向和抓手，注重教学资源与教学目标的匹配性，以确保教学活动与教学目标相一致，实现英语学科核心素养的有效培养。

此外，教学资源的选用还需凸显学生的主体地位，贴近学生的生活实际，这样才能在教学过程中有效激发学生参与教学活动的积极性和兴趣，才能引起学生情感上的共鸣。

值得一提的是，教师自身也是很重要的教学资源。每位教师在知识、技能、特长、人格、才情等方面都各具特色：有的理性严谨，善用思维力量吸引学生；有的情感丰富，易与学生拉近心理距离；有的风趣机智，有利于学生轻松提高兴趣。因此，为了充分挖掘教师自身这一必备教学资源的优势，教师需要寻找最适合自己的教学方式。在整个活动中，学生需要基于课堂所学，运用思考、阅读、写作、表达等技能，以及批判性、创造性等思维方式在听、说、读、看、写的全部流程中相互合作、学以致用。教师发挥自己富有激情和活力、充满亲和力的个性优势，主动参与学生的情景剧表演，扮演妈妈的角色，而不是置身事外扮演评价者的角色。教师不仅拉近了与学生的情感距离，而且还有效引导了剧情和学生思维的走向，确保学生达成预期学习目标。

第六章 以自主、合作、探究学习
为引领培养学生素质的策略

第一节 自主、合作、探究学习与英语学科核心素养
之间的关系

一、自主、合作和探究学习概述

（一）自主学习的内涵和特征

自主学习是指学生作为学习的主体，教师作为引导者，在统一规定的教学目标规范下，学生根据自身情况，自主规定学习目标、内容和方法，并通过自我监控和反省完成具体学习任务的一种学习方式。

自主学习具有三个显著的特点，即主动性、独立性和自控性。主动性具体表现为"我要学"，是学生对学习的一种内在需要。独立性具体表现为"我能学"。新课程强调充分尊重学生的独立性，培养学生独立学习和独立解决问题的能力。自控性表现为自主学习要求学生对为什么学习、能否学习、学习什么，以及如何学习等问题有自觉的意识和反应。它强调学生对学习的自我计划、自我调整、自我指导、自我强化。具体表现为：学生能够独自确定学习目标，制定学习计划，选择学习方法，做好学习准备，能够自我观察、自我审视、自我调节自己的学习过程、学习状态、学习行为，能够对

自己的学习结果进行自我检查、自我总结、自我评价和自我补救。

自主学习是一种由自我意识、自我决定、自我选择、自我评级等若干环节组成的学习方式。它作为一种内在的精神品质，是对学生主体意识的发展和提高。这种学习方式能够帮助个体更好地适应未来社会的发展，帮助学习者们学会学习、学会思考、实现自我的发展。

（二）合作学习的内涵和特征

合作学习作为一种有效的教学理论和策略，它能有效改善课堂气氛，广泛提高学生的成绩，促进学生形成良好非认知品质等。

具体而言，合作学习就是根据每个学生的特长、能力、个性以及认知倾向、思维方式等，将全班学生分成几个小组，教师进行有计划的指导、调控，小组成员间展开相互配合、相互帮助的合作性学习，达成教学目标的教学活动。小组活动是合作教学中最基础的形式，学生在合作教学中都要学习，都有对整个小组做出贡献的义务。最终，小组学习成果要受到一定的检验，形成组内合作、组间相互竞争，一方面使学习机会更为平等，另一方面使学习动机更为激烈。

合作学习包括异质分组、积极互赖（即互相依赖）、个体责任、社交技能和小组自评五个基本要素。

异质分组是指在组建合作学习小组时，应根据学生的学习能力、性别、种族及社会背景等，将学生分配到不同的小组中，使学生能够取长补短，彼此相互指导、学习。积极互赖是指小组成员间同舟共济、荣辱与共，他们必须抱着合作共赢的思想。构建积极互赖主要通过构建积极的目标互赖、积极的材料互赖、积极的角色互赖、积极的奖励互赖来实现。个体责任明确了每个小组成员承担的相应责任，因为所有组员的学习效果决定小组最终是否成功。社交技能是组内合作学习的基础，决定了小组学习能否顺利开展。开展小组合作必须有一套科学、合理的评价机制，定期检测小组成员共同活动的效果，检讨小组运行情况和功能发挥的程度。

（三）探究学习的内涵和特征

探究学习是由英文"Inquiry Learning"翻译而来的，是人们在总结发现式学习和意义学习的基础上，提出的一种以学生自主探究为主的学习方式。探究学习（发现学习）是相对于接受学习而言的。它要求学生组成小组，在教师的指导下，就某一学习问题自觉地、主动地进行探究学习，培养学生的创新意识和实践能力。

探究性学习具有以下内涵：

（1）问题性。探究性学习十分重视问题的重要性。一方面强调通过问题来进行学习，问题是学习的动力、起点，贯穿整个学习过程；另一方面通过学习来生成问题，学习过程可以发现、提出、分析和解决问题。

（2）过程性。学习的结论是指学习所要达到的目的或获得所需结论而必须经历的活动程序。学生如果没有自己的质疑、判断、比较、选择以及相应的分析、综合、概括等认识活动，就不会有多样化的思维过程和认知方式；缺乏多样化的碰撞、论证和比较，就无法获得结论和真正理解、巩固知识。

（3）开放性。开放性需要营造一个宽松、和谐、民主的课堂氛围，给学生一种心理上的安全感，而心理安全和自由正是学生主动、积极发展的摇篮。

探究性教学法有以下基本步骤：创设情境、引导探究—解疑导播、合作探究—明理强化、创新发展—激励评价、深入探究。因此我们在日常教学中，也不能把探究性教学设计成学生按部就班就能实现或接触教学结果的教学活动，如果只是形式上的探究活动，对学生的探究能力和探究思维没有帮助。

（四）自主学习、合作学习和探究学习的融合

21世纪对人才的素质和综合能力提出了更高要求，通过培养学生可持续发展和终身学习的能力，促进社会可持续发展。新课改提出改变教学中过于强调接受学习、死记硬背、机械训练的现状，倡导学生主动参与、乐于探究、勤于动手，培养学生搜集和处理信息的能力、获取新知识的能力、分析

和解决问题的能力以及交流与合作的能力。

课改专家组组长钟启泉教授倡导自主学习、合作学习和探究学习的学习方式。至此，自主合作探究开始被广泛地平列与并称。上海师范大学庞国维教授认为，自主学习、合作学习、探究学习是一种相互支持、相互补充的关系，如果将这三种学习方式搭配互补的话，可以充分发挥它们的优势。庞教授指出，在实际操作过程中可以首先鼓励学生自主学习内容。如果个体研究还解决不了问题，就需要开展小组合作学习，在合作和交流中共同解决问题。

"自主合作探究"模式是指在教师的指导下，为培养学生的创新素质，以问题为载体，以学生的动手实践、自主探索、合作交流为主的学习方式。"自主合作探究"模式主要提倡小组合作学习和组间交流竞争，实现全体学生的主动性、社会性和创造性的和谐发展。"自主合作探究"模式能够有效培养学生的学习策略，帮助学生掌握正确的学习方法并形成良好的学习习惯。"自主合作探究"模式也能提高学生自主学习能力，培养学生解决问题的能力，更能体现当下学生勇于探索的精神。

在教学过程中，教师需和学生建立积极互动，而不再唱独角戏。教师要转变观念，注重培养学生的独立性和自主性，促进学生学习方式的转变。此外，教师还要引导学生学会在课堂上和实际生活中质疑、调查、探究，真正实现学生在教师指导下主动地、富有个性地学习。

二、自主、合作、探究学习与英语学科核心素养之间的关系分析

（一）自主、合作和探究学习应用于英语学科核心素养培育中的可行性

新版课程标准指出，学科核心素养是学科育人价值的集中体现，是学生通过学科学习而逐步形成的正确价值观、必备品格和关键能力。其中，学习能力指学生在学习英语的过程中积极运用和主动调适英语学习策略、拓宽英语学习渠道、努力提升英语学习效率的意识和能力。学习能力主要通过自主、合作与探究学习等学习方式体现。自主学习的核心特征为自主性，它包括监

管动因、监管机制和监管评价三个方面；合作学习具有合作精神、社会互动和人际交往的特征，包括相互依赖、个体责任、面对面促进性交互、合作技巧的恰当使用等；探究学习具有问题性、开放性和批判性的特征，包括激发兴趣、鼓励探索、引导思维、提出问题、识别资源、收集数据、分析数据、整合信息、交流观点、评估成果等。学习应该是社会交互的、具有情境性的、强调自我主动建构的过程。据此，自主、合作与探究学习这三种学习方式之间就必然地具有了高度的同一性，这是它们可以统一起来的内在根据。①

　　学习能力是构成英语学科核心素养的发展条件。良好学习能力的培养有助于学生做好英语学习的自我管理，养成良好的学习习惯，多渠道获取学习资源，自主、高效地开展学习。自主、合作与探究学习等方式可以帮助学生观察到细微的英语语言现象和规律，激发学生从不同层面去观察和理解语言现象，锻炼思维品质，培养多元文化意识，从而提高英语语言知识和语言运用能力。因此，自主、合作和探究学习为英语学科核心素养培养提供了切实可行的途径。

（二）自主、合作与探究学习和语言能力的关系

　　英语语言能力构成英语学科核心素养的基础要素。英语语言能力的提高蕴含文化意识、思维品质和学习能力的提升，有助于学生拓展国际视野和思维方式，开展跨文化交流。听、读、看属于语言输入活动，而说、写属于语言输出活动。只有进行良好的语言输入，才会有较好的语言输出。

　　在"听"这一方面，自主学习是用得比较多的学习方式。自主学习强调控制自我主动学习的能力，强调主动构建性的学习过程。能够自主学习的学生有明确的学习目标。例如，在听力教学中，教师可以根据学生实际学习情况，提供适切的听力资源，让学生自主听，并且在听的过程中锻炼他们的听力技能。若学生听的效果不是很好，教师可以再次播放，并让学生发现自己的问题，再由教师给予指导。

---

　　① 林众，冯瑞琴，罗良.自主学习合作学习探究学习的实质及其关系[J].北京师范大学学报（社会科学版），2011（06）：30-36.

合作与探究学习的学习方式在听力学习过程中使用得不是很多，但是也有创新使用的例子。例如，某教师执教的"运用TED视听材料，训练'说'与'写'的能力"一课中，他从文章中截取学生不太理解的两个句子，通过小组合作让学生尝试用自己的语言来解释，并让学生阐释和评价口头语篇反映的情感、态度和价值观，达到了不错的教学效果。

在"说"这一方面，自主学习也能达到理想的教学效果。口语学习往往是成对或者成群的教学模式。相对而言，中学英语的教学并不是十分重视口语的教学，但其实学生在课堂上与教师的互动本身就是在使用口语。如果为了锻炼英语口语，可以进行成对练习或者小组练习。例如，英语水平相近的同学可以先搜集好难度适中的相关话题的英语资料，口语较好的学生可以帮助口语较弱的同学展开对话。或者学生也可通过小组合作来展开对一些常见口语表达技巧的训练，如使用一个话题来专门训练衔接词汇的使用等。因此，口语教学可以采用合作与探究式学习的方式。

在"读"这一方面，自主、合作与探究学习都很适用：不论是自主阅读文章还是书籍，学生可以根据自己的学习内容和进度进行有效把控。而在阅读主旨类文章时，自主合作与探究学习会起到更加理想的作用，因为不同思想的碰撞可以产生更强烈的思想火花。

在"看"这一方面，通常可以使用的是一些图片或者短视频让学生进行欣赏，让学生回想起相关背景知识，从而为相关教学环节服务。

在"写"这一方面，自主学习这一方式具有很强的可行性。教师也可以在课堂教学中采用微写作的方式让学生进行小组合作，一起完成一个段落写作，学生们集思广益，最终形成意见一致的写作思路。这样的课堂设计如果能够加入同伴互评，使学生从自己的立场出发提出问题，并进行改进，可以使学生的写作能力有更大提升。综上，自主、合作与探究学习有助于提高学生的英语语言能力。

（三）自主、合作与探究学习和文化意识的关系

中华优秀传统文化源远流长、丰富多彩。要在课堂教学中开展家国情怀

教育、社会关爱教育和人格修养教育，传承发展中华优秀传统文化，大力弘扬核心思想理念、中华传统美德、中华人文精神，引导学生了解中华优秀传统文化的历史渊源、发展脉络、精神内涵，增强文化自觉和文化自信。因此，使用外语自信地表达和传播中华文化，是拥有文化自信的表现。学生们也可以通过运用英语，广泛了解国外不同的人文风情与风俗习惯，从而拓展国际视野，提升全球胜任力。

学生可以通过自主学习，用英文将中国故事讲述给外国朋友，进行文化输出，或用中文将外国文化讲述给中国朋友，进行文化输入。

（四）自主、合作与探究学习和思维品质的关系

在英语学科中培养和发展学生的思维品质，就是通过引导学生观察语言与文化现象，分析和比较其中的异同，归纳语言及语篇的特点，辨识语言表达的形式和语篇结构的功能，分析和评价语篇所承载的观点、态度、情感和意图等英语学习活动和实践运用途径，帮助学生学会观察、比较、分析、推断、归纳、建构、辨识、评价、创新等思维方式，增强思维的逻辑性、批判性和创新性。[①]可见，提高学生英语学科思维品质需要教师的引导，更需要学生不同层次思维的自主参与。在教师向学生单向灌输的学习模式下，学生的思维被束缚，处于被动接收信息的状态，即学生思维的自主程度低，甚至可能完全不进行自主思考。而自主、合作学习能使学生的思维相对自由运行。其中，自主学习使学生的思维更具有独特性、发散性，合作学习使学生的思维产生碰撞，实现互补。自主与合作学习均是建构意义理解的必要途径，将两者有机结合使用，可以让学生在意义建构的过程中较高程度地发展思维能力。因此，提高学生思维的自主程度需要通过自主与合作学习的形式，尤其是对于实践性较强的英语学科而言，只有通过自主与合作学习才能真正有效地提升学生的思维品质。

探究学习是需要学生设计研究、收集信息、分析资料、建构证据，然后

---

① 梅德明，王蔷.普通高中英语课程标准（2017年版，2020年修订）解读[M].北京：高等教育出版社，2020：70.

围绕从证据中所得结论展开争论的一种学习方法。①可见，探究学习本质上就是学习者通过自主经历，体验完整、系统的意义建构的过程而实现的深度学习。而深度学习的核心在于思维的深入性，学生要运用高阶思维展开学习。新版课程标准将思维品质划分为三个水平等级，其中，三级水平的思维品质要求为：根据所获得的综合信息，归纳、概括内在形成的规律，建构新的概念，并在实践中用于处理、解决新的问题，从多视角认识世界。同时，新版课程标准从辨识与分类、分析与推断、概括与建构、批判与创新四个层面对三个级别的思维品质作了具体内容的描述。四个层面符合布卢姆的记忆、理解、应用、分析、评价、创新这六层由低到高的认知目标。②无论是思维品质的三级水平，还是四个层面中的概括与构建、批评与创新，或是布卢姆认知目标中的分析、评价与创新，本质上都需要较高的思维深入性，都需要以探究学习的学习方式让学生进行深度学习。可以说，探究学习是学生英语学科思维品质由低到高循序发展、不断提升的必经之路。

此外，培养学生的思维品质能促进学生自主、合作与探究学习能力的提高。学生需要通过观察、比较、分析、判断、反思、创造等各种思维活动，才能使自主、合作与探究学习成为可能，产生实效，也才能在自主、合作与探究学习中选择适合自己的学习方式，并主动、灵活、高效地将其运用到自己的英语学习中去。

（五）自主、合作与探究学习和学习能力的关系

根据新版课程标准，英语教学需要达成的学习能力目标为：树立正确的英语学习观，保持对英语学习的兴趣，具有明确的学习目标，能够多渠道获取英语学习资源，有效规划学习时间和学习任务，选择恰当的策略与方法，监控、评价、反思和调整自己的学习内容和进程，逐步提高使用英语学习其

---

① 庞维国.当前课改强调的三种学习方式及其关系[J].当代教育科学，2003（06）：18-22.

② 梅德明，王蔷.普通高中英语课程标准（2017年版，2020年修订）解读[M].北京：高等教育出版社，2020：72.

他学科知识的意识和能力。①从以上描述中可以看出，英语学习能力本质上就是英语自主学习能力。因此，只有让学生开展自主、合作与探究学习，才能有效达成上述目标。

学生是学习的主体，学生的学习不能由教师"包办"，如帮学生制定学习目标、选定学习资源，给学生规定学习时间、任务和方法，并全程监控、评价他们的学习，虽能让学生学到一定的英语学科方法与知识，但久而久之，会削弱学生英语学习的主动性，使学生失去英语学习的可持续性。教师只有在适当指导学生的基础上，大胆放手让学生自主地为自己的英语学习确定目标与时间，选择资源与方法，调控学习过程，评价学习结果，才能逐步培养学生的自主学习能力，使学生探索出适合自己的英语学习路径，真正学会英语学习，从而为学生可持续的，甚至终身的英语学习奠定坚实的能力基础。

由于每个学生的英语知识储备、能力水平、学习目标、学习风格、思考方式等各不相同，合作学习可以让学生在学习共同体中互相学习、取长补短。同时，在合作学习的过程中，互帮互助的融洽氛围可以提升学生（尤其是后进生）学习英语的信心，探讨争论、思维交锋的热烈气氛可以激发学生的英语学习兴趣。学生在合作学习中通常要为完成某个学习项目而分工并互相监督，这有助于学生明确学习任务，增强学习责任意识。此外，如果学习共同体中某个或某些学生具有明确的英语学习目标，对其他学生则起到示范引领作用，形成互相促进的学习氛围，从而提高学习效率，实现共同提升英语学习能力的目标。

根据新版课程标准对学习能力目标的定义，学生需树立正确的学习活动观，而英语学习活动观强调学生要在主题意义引领下，进行学习理解、应用实践、迁移创新等一系列体现综合性、关联性和实践性等特点的英语学习活动。这三个层次的活动都是为主题意义探究服务的，学生只有通过探究学习才能深入学习理解、熟练应用实践、灵活迁移创新，才能形成以探究与建构

---

① 梅德明，王蔷.普通高中英语课程标准（2017年版，2020年修订）解读[M].北京：高等教育出版社，2020：83.

主题意义为核心的英语学习能力。同时，根据该定义，学生的英语学习能力还包括能选择恰当的策略与方法，监控、评价、反思和调整自己的学习内容和进程。这就需要学生具有较高水平的元认知能力，而探究学习可让学生自主经历与体验完整、系统、深入的学习过程，使学生在发现问题、反思原因、调整对策、解决问题的过程中不断提升自己的元认知能力。因此，探究学习是促进学生英语学习能力发展的重要保障。

学习能力是英语核心素养的重要组成部分之一，也是构成英语学科核心素养的发展条件之一。可以说，没有良好的学习能力，其他素养也很难培养起来。

学生学习过程中的非智力因素的重要性有时甚至可以超过智力因素。自主学习需要学生具备较强的学习动力，培养自主学习的能力实际上是培养学生自我激励、自我监管和自我评价的能力，对英语学习能起到极大的促进作用。只有真正发自内心想要学习的学生，才有可能实现自主学习，为取得良好成绩提供前提条件。合作学习要培养学生与他人互动的意愿与能力，要培养学生的合作意识与合作交流技巧，使其能够享受合作学习，在合作学习的过程中获得成长与乐趣。而探究学习能力对学生的要求更高，需要学生拥有批判性思维，在解决问题的过程中，相互激励，相互合作，主动寻找各种资源，注重思维模式的培养，注重学习方法的更新，以顺利解决问题为目标导向，增长真本领。通过自主、合作与探究学习，学生可以敏锐地观察语言现象和语言规律，从多角度、新视角去观察和理解语言现象，尝试新思路、新方法去解读和评判多元文化现象，勤于思考，探异求新。因此，以自主、合作和探究学习为特色的学习能力，是英语学科核心素养培养的前提，为英语学科核心素养的培养提供了切实可行的途径。

第二节　开展自主、合作、探究学习
课堂教学的常见问题

学生自主学习有三种表现特征：自主、合作、探究。课程标准明确提出：自主学习关注学习者主动、积极的学习动机和自觉、持续的行为能力，合作学习关注学习者与人沟通、合作完成学习任务的能力，探究式学习注重对过程和概念的探究与发现方式，是学生获得结构化知识、发展分析问题和解决问题能力的重要途径。自主学习和探究学习既可以通过独立自主，又可以通过合作的方式进行。因此，自主学习、合作学习和探究学习三者存在交叉，在开展自主、合作和探究学习的课堂教学中存在的常见问题也就存在交叉。下面将这三种学习方式作为一个整体，对自主、合作与探究学习的英语课堂教学中常见的几大问题进行分析：

一、部分学生自主与合作学习的内驱动力不足

认知建构主义学习理论认为，自主学习实际上是元认知监控的学习，是学习者根据自己的学习能力和学习任务的要求，积极主动地调整自己的学习策略和努力程度的过程。但是，学生面对升学压力，从小学到中学的英语学习都离不开不断做题和听教师讲题。长此以往，学生对英语学习的热情减弱，自主阅读和表达的动力不足、习惯不良、能力不强，合作学习的意识淡薄、能力匮乏。很多中学生经历了长期的被动学习，直面高考激烈竞争的现实，已经形成了被动听教师安排、讲解、总结和评价的学习惯性，对自主与合作学习感到力不从心、无所适从，很难达到上述自主学习的标准。现实中这样的例子不胜枚举。例如，学生课上习惯默默地听讲和记笔记，当教师抛出有思维含量的问题时，大多数学生选择低头沉默，而非主动表达心声；学

生宁愿利用课外时间做题，也不乐意进行自主拓展阅读与摘抄；学生小组讨论时不知从何处入手。

根据教学实践调查，有以下五个因素导致学生自主与合作学习动力和能力弱。它们分别是：①学习内容过多，教学进度紧张；②学习内容难度过大，超出学生最近发展区，或难度过小，对思维的挑战性不足；③学习内容和方式枯燥乏味；④学生缺乏课外自主阅读和探索的时间；⑤教师对学生元认知策略的培养力度不强。其中，第五点导致学生元认知能力不足，主要体现在学生在英语学习中缺乏明确的学习目标，不能通过多渠道获取英语学习资源，不能有效规划学习时间和学习任务，不能选择恰当的策略和方法，不能监控、评价、反思和调整自己的学习内容和进程。只有教师在平时教学过程中向学生逐步渗透元认知策略，并让学生实践运用具体的元认知策略，才能提升学生的元认知能力，从而使学生真正学会自主与合作学习。

在新形势下，教师要更新教育教学理念，有意识地主动培养学生自主与合作学习的意识和能力，只有教师敢于放手，才能学会放手，也才能放手成功。

二、部分学生自主学习缺少明确目标和科学指导

虽然课程标准大力倡导自主、合作和探究学习，但这并不意味着无限突出学生的主体地位，而完全忽视教师的主导作用，让学生没有明确目标、没有任何限制地自由学习。例如，有的教师让学生利用课上或课外时间阅读英文名著，但阅读中只要求查阅、积累生词，并没有布置引导学生深入阅读的学习任务，如概括大意、写读后感、做阅读分享报告等。的确，不以做题为目的的真正阅读值得提倡，但是如果没有教师在学生读前、读中和读后的精心指导，学生阅读时就会失去方向、失去动力，很难实现深度阅读。再如，在习题讲评课上，教师简单核对答案后，让学生小组讨论错题，而教师在学生讨论的过程中进行个别答疑；在学生合作学习后，不集中讲解或只是蜻蜓点水式地略讲。这种练习和讲评的模式表面上摆脱了教师"一言堂""满堂灌"的课堂教学痼疾，实际上却从一个极端走向另一个极端，导致英语水平

一般的学生无法精准、全面、透彻地解决疑难问题，而有疑问却不主动提问的学生甚至完全解决不了问题。此外，如果文章和试题难度很大，在独立思考和小组讨论的基础上，几乎所有学生都无法解决疑难点，若教师不给予学生必要的点拨，学生的自主学习便起不到应有作用，甚至还会有反作用。

毋庸置疑，学生学习能力的发展需要教师精心的指导和帮助。学生的自主学习和教师的引导是相辅相成、互补互促的。英语是实践性和运用性很强的学科，学生要学好英语，离不开自己的亲身实践与运用。但是，中学生的语言知识和语言能力总体上尚处于初级发展阶段，远没有达到可以完全独立自主学习的英语专业水准，需要教师提供适切的学习资源，指导科学的学习方法和策略，搭建符合学情的学习支架，这样才能提高他们学习英语的效率和质量。因此，在中学阶段，对大多数学生而言，高效、高质的自主学习应该是在教师引导下的、相对开放的自主学习，而不是毫无目标的、绝对开放的自主学习。

三、部分学生自主探究深度不足

现实中，教师都知道学生必须要通过自己的学习来掌握语言知识、发展语言能力，都能认识到让学生自主学习语言的必要性，但是，教师在学生自主学习的选材、设计和实施环节容易浮于表面，不能深入，即徒有自主之形，而无探究之实。例如，很多教师让学生在早读课上背诵和默写教材中的单词、词组或语法规则。表面上，教师没有在学生学习的过程中干预学生，学生都在以各自的方式和节奏完成教学任务，形式上的确是在自主学习，但这种自主学习并没有上升到语篇学习的层面，而仅停留在碎片化的词汇或语法学习，是偏重于机械记忆的低层次自主学习。因为所学内容是没有附着意义的孤立语言形式，学生无须调动高阶思维，更无须经历探究过程，只要简单记忆即可，所以这样的自主学习不是深层次的自主学习。

新课标强调在组织学生开展探究学习时，要关注学生的探究过程，关注学生的结构化知识是否形成或得到发展。在教学中，教师要设计活动让学生去分析、推理，去从事实性的信息里提炼和建构新的概念性知识，培养分析问题和解决问题的能力，学会学习。可见，探究学习不是浮光掠影的表层学习，学生要通过深入的探究过程形成结构化的知识，并能将其迁移运用到新情境中解决新问题的深度学习。因此，自主探究学习本质上就是自主深度学习。

在设计教学环节时，教师虽能意识到探究主题意义和培养学生思维品质的重要性，却会因自身对文本的解读不够透彻深入，导致教学活动设计表面化。尽管教师提了很多问题，学生也在不停地回答，但由于问题缺乏深度，学生无须调动分析、评价、创新等高阶思维，导致学生对主题意义的理解止于表层信息的获取，而非深层内涵的挖掘，因而只能获得碎片化知识，不能建构结构化知识。最终，学生对语篇的学习不能达到深层学习理解的高度，更不能上升到应用实践和迁移创新的高度。

此外，充足而深入的思考是学生自主学习和探究学习的重要保障。教师在教学设计或教学实施中可能会出现详略不得当的情况，在需要重点探究学习的内容上没有给予学生足够的自主思考时间。

只有以高质量的语篇为依托，以深度的文本解读与教学设计为引领，以充足的自主思考时间为保障，才能使自主学习、探究学习不徒有其表，才能引导学生深度学习。

四、部分课堂学习内容与形式单一

新版课程标准在界定英语学习能力时提到"拓宽英语学习渠道"，在描述素养水平时明确指出"能利用网络资源等扩充学习内容和信息渠道"，另外在实施建议章节还专题讨论了如何"利用现代信息技术，拓宽学习和运用英语的渠道"。①可见，开展自主、合作与探究学习在内容上不应仅限于教材和校本课程，还应充分利用更具多元性和互动性的网络资源，在时空上不应仅限于课内，还应延伸到课外。不过，由于中学生在校学习英语课时有限，同时教材学习任务重、各类考试频繁，学生的课堂自主、合作与探究学

---

① 梅德明.普通高中课程标准（2017年版）教师指导：英语[M].上海：上海教育出版社，2019：205.

习主要围绕教材中为数不多的课文和高考所要考查的各种题型的解题进行。在形式上，学生基本是在教师的全程控制之下阅读并回答问题，做题并思考错题，并且小组讨论通常受座位的限制，只能和前后左右固定的几名同学小范围讨论。课后作业通常也以高考题型练习为主，缺乏开放性、合作性和探究性的学习任务。除了上课与完成课后作业，学生的课余学习时间很少，几乎无暇拓展英语学习的多元渠道，很少根据需要自主寻找、选择不同的学习内容，课后通过与同伴一起计划方案、搜索资源、阅读交流、协商整合来完成英语学习项目的合作学习机会更是渺茫。

受制于种种客观条件，学生自主、合作、探究学习在内容和形式上单一，且在组织上也有较强的局限性。在大班课堂教学的条件下，学生英语知识和能力水平参差不齐，因此教师很难选择适合所有学生水平的自主学习的内容和形式，只能根据多数学生的学习需求进行选择，这就必然导致特优生在课上"吃不饱"，而学困生却"吃不了"的问题。虽然教师可以在课后对他们进行"点对点"的辅导，但这样的时间毕竟极其有限。同时，在学生分组学习过程中，教师本应针对不同学习小组的不同问题给学生提供及时、适当的指导与帮助，但因班级人数众多，教师很难顾及全体学生，很可能导致积极主动寻求教师指导与帮助的小组学得更多、更好，而学习主动性不强、性格比较内向的小组则收获相对更小。组织合作学习的难题还在于如何优化分组，最大限度地提高合作学习的效率和效果。通常情况下，教师只是简单地让学生与同桌或邻桌进行小组讨论。但是，学生的座位安排标准各异，邻座学生的性格特征、学习风格、英语知识和能力水平可能并不一致，这就给合作学习带来一定困难。尤其是同一小组内学生英语学习水平差异太大，问题不集中，学习增长点不同，会导致小组合作受益面小、效率低下。其中，英语水平高的学生一方面需要给予学习基础薄弱的学生大量帮助，另一方面可能会因为组内没有同等或更高水平的学生，他们无法有针对性地深入探讨并解决自己的问题。另外，如果某个小组所有学生的英语水平都较低，几乎无法开展讨论、互帮互助、解决问题，那么合作学习对他们而言无异于空中楼阁。

第三节　促进自主、合作、探究学习教学活动的策略

当下的中学英语课堂教学应该注重以学生为中心，将课堂还给学生，在此课堂模式下，教师是一个观察者和监督者，应适时给学生提供支持和指导，帮助学生获取知识，而学生则为课堂的主角。为了培养学生自主、合作、探究学习的能力，教师应该积极调动学生的英语学习内驱动力，通过引导让学生逐渐接受并享受自主、合作、探究学习的方式。虽然课堂应该是以学生为主体，但是课堂教学活动不能完全放任自流，教师应该让学生带着明确的学习目的进行自主学习，应采取恰当的课堂教学方法，收放自如，既要激活学生的背景知识，又要让学生在课堂上自然生成；应采用丰富的内容和形式，积极创造条件，运用恰当的方法，处理好各种问题。

一、激活学生的英语学习兴趣与学习内驱力

学习兴趣是最好的老师。很多时候，一个学生对一门学科的学习兴趣来自教师的引导。英语教师可以尝试各种方法提高学生的英语学习兴趣。例如，可以在课前播放与本节课话题相关的英文短视频，这样既能缓解学生的学习压力，又能为本节课的学习提供一些背景知识；也可以选择适切的英文歌曲和演讲让学生欣赏，让学生在欣赏的过程中潜移默化地培养对英语学习的热爱；还可以尝试开展每日英文汇报活动，在教师先框定的主题语境下，学生可依据自己的兴趣爱好准备某一个特定话题进行英文演讲。这样的活动可以激发学生的学习兴趣，使其积极参与英语学习活动。

在激活了学生的学习兴趣之后，如何保持积极的学习兴趣，即如何保持学生的学习内驱力，是一个值得英语教师思考的问题。学生英语学习的内驱力可分为工具性动机和融合性动机。工具性动机体现为学习英语是为了满足

考证、升学等特定的目标。融合性动机侧重对英语文化的认同，这样的学习动机更加强烈与持久。不论是工具性动机还是融合性动机，教师应该依据不同的学生及其需求，采取不同的内驱力激活与保持策略。英语教师应该对学生进行英语学习策略训练，特别是元认知策略训练。英语教师除了强调学生英语学习内驱力对英语学习的作用，还需要重视外部诱因，如教师、家长和同学，他们的微笑、认可、赞许都会对学生的学习产生重要的激励作用。

二、搭建支架助力学生的英语自主学习

为了避免出现学生漫无目的的自主学习，英语教师应该注重支架的搭建，助力学生自主学习能力的形成。英语课堂教学是教师控制学生情感因素、协调学生学习行为、保证语言输入质量的地方。英语课堂教学需注重语言实践环节，适中的班级规模才能保证语言知识及语言能力的建构。在班级规模较大的情况下，为保证学生的语言能力训练和技能输出得到更好体现，"支架式"课堂教学模式具有值得探讨的作用。

（一）搭"脚手架"

首先将班上的学生按每组6~8人分成若干小组，由小组长负责实施该小组的教学活动。教师提出学习的主题要求，学生就该主题的优越性以及所带来的负面影响建构出已有概念框架。

（二）预设/进入情境

要求学生先预览课文，然后播放课文录音，让学生就课文中的新知识形成新的认识，接触即将建构的语言知识素材。

（三）自主学习

听完录音后，学生独立判断课后练习的每一选项，对个别不是很有把握的选项允许在课文内容中展开查证；要求学生阅读课文内容，自行找出课文中的难点。

自主学习是"支架式"教学模式中的最重要环节，教师应尽量让学生展开自主学习，为自己的学习负责。篇章内容的理解、语言难点的解答、知识要点的掌握等均要求学生自行解决，使学生能在概念框架中继续自我攀升。

（四）合作学习

合作学习是自主学习的补充环节。小组长首先组织本小组同学就该课题各抒己见，并在课文中找出相应依据，以便对篇章意义有一整体把握；其次对各自的语言知识难点进行讨论，在相互帮助的情况下，使原来不清楚或不太清楚的语言知识明朗化，在共享集体思维成果的基础上达到对当前所学概念比较全面、正确的理解，即最终完成对所学知识的意义建构；最后，教师就那些学生自己解决不了、小组讨论意见不一的问题提出自己的看法和解释，供学生对照、参考和评判，激发其更深层次的反思。

合作学习不是听之任之的学习，教师作为学习的组织者、管理者、推动者，甚至参与者，应积极、有效地介入学生的学习，努力创设合作学习环境，包括能引起争论的初始问题、能将讨论引向深入的后续问题、稍超前于学生智力发展边界上的启发式问题、适时介入评价学生在讨论过程中的表现等，推动合作学习的开展。教师应引导学生在课堂上独立阅读分析文本，帮助他们更好地理解课堂内容。同时，学生的交流与合作意识能在这个过程中得到激发和加强。

（五）效果评价

效果评价主要应就自主学习过程、在合作学习中的贡献等学习环节，以及是否完成对所学知识的意义建构等方面由自己、同学和教师分别进行过程性和终极性评价，教师应对在意义建构方面仍存在困难的学生进行有针对性的分析和指导，从而真正建构意义，提高学生的语言能力。效果评价应重视学生的自我评价以及生生间的互相评价，也应充分考虑学生学习的差异性，强调对学生学习过程和学习态度的评价。

中学英语教学应积极培养学习者的自主学习习惯和英语学习可持续发展

能力。"支架式"课堂教学旨在使学生在课堂内得到最大量的训练,尤其在意义建构方面有较好提升。"支架"模式下的"自主学习"旨在使课堂学习模式对课外自学产生潜移默化的影响,帮助学生走好对自己学习负责的第一步;"支架"模式下的"合作学习"鼓励学生共享学习资源,共同设计学习过程,共同探讨学习方法,协商学习管理模式,共同评价学习效果,旨在帮助学生通过相互讨论和交流建构和完善学习经验,积极融入自主学习;"支架"模式下的"效果评价"以自主、合作学习为指导,旨在激发过程性学习,发展个性化判断能力;"支架"模式下的"意义建构"是"支架式"课堂教学的重要内容,以完成对所学知识的意义建构为手段培养学生的英语学习可持续发展能力。"支架式"课堂教学模式结构清楚,层次分明,目的明确,是班级规模较大背景下课堂英语教学的理想模式。

三、教学方法收放自如促进合作学习

教无定法。面对不同的教学情境、教学内容以及学生的能力水平,教师应该采用不同的教学方法。教学方法是为教学提供帮助的,而不是被固定限制的。教师应在把握好学生自主学习和教师控制的度后,灵活选择并运用恰当的英语教学方式,协调好预设与生成的动态关系,真正做到聚散有度、收放自如。虽然Top-down(自上而下)的方式能够促进学生积极思考,但是不能为了让学生自主探究而不切实际地盲目摒弃Bottom-up(自下而上)的方式。

Bottom-up在文本阅读方面具有一定作用。在细读文本方面,教师以包括what、when、where、why、who和how的要素为纲领,设置问题思维导图,让学生带着问题进行文本细读,在提高学生学习兴趣的同时,能够帮助学生透彻理解文本的内容,在此基础上鼓励学生总结归纳该文本的主旨大意和写作意图。在培养学生合作学习方面,鼓励学生以小组合作的形式来分析文本,碰撞出思维的火花,让学生进一步理解文本主旨。

合作学习是帮助学生最有效地协同努力的原则和方法。合作学习就是以小组为基本组织形式,小组成员互相帮助,共同达成学习目标的活动。在给予学生足够多的讨论空间与时间基础之上，有的活动让学生同桌之间两两讨论，而有的则需要进行人数较多的小组讨论，促使学生间协同努力，以致其发挥自身及其同伴的学习优势。合作学习促进了学生之间的相互依赖性，提高了学生合作的意愿和个体的责任，完善了合作的技能，促进学生在寻找答案的过程中采取积极的自我评价，真正做到了将课堂还给学生，实现以学生为中心的教学理念。基于问题解决的学习任务，鼓励学生相互协作，从而达到合作学习能力培养的目的。

合作学习有诸多特点，要有小组目标、个人责任、均等的成功机会、小组竞争、任务专门化而且适应个人需求。合作学习的方法有很多，目前较受欢迎且较为重要的一种方法是学生小组学习法，这种方法主张学生应该在人数较少的小组内展开学习活动，他们为了完成某个共同的任务，彼此会有明确的责任分工，并进行互助性学习，小组成员之间应该相互依赖、相互沟通、相互合作、共同负责，从而达到目标。合作学习促进知识的生成，有助于提高学生的思维活动，学生在成功的团队中会更加体验到自我效能感。

四、活动组织丰富促进深度探究

探究学习是一种积极的学习方式，是学生在教师的指导之下，在研究过程中主动获取知识，并且能够运用知识达到解决问题的目的。探究学习的活动组织应该丰富多彩，打破教室固定座位的局限性。例如，为了营造自主探讨的氛围，可以将教室的座位拼成圆桌状。除了外在的形式，在内容上应该多组织内容丰富的活动，围绕一个问题一起讨论，共同完成一个海报，一起准备一场辩论赛等。形式丰富的活动有助于激发学生的学习兴趣、合作意识、探索实践精神。

五、关注课堂其他环节推动自主、合作、探究学习

课堂上，英语教师应该多提问学生，以此来激发学生的好奇心。如果课堂提问能激发学生探索，那么学生们会因为教师的提问而进行思考，最终形成更加深刻的理解。课后作业除了必要的记忆内容，也应该注意培养学生的

理解能力、解释能力，以及正确运用知识的能力。

可以在课堂开始的五分钟进行问答，例如准备一些简单的单选题或者是非题，可以鼓励学生复习上节课学习的内容，并且能够做好作业。最好是学生自己准备，其他同学回答，可以通过非正式小组来相互解答、相互帮助、共同成长。此外，英语教师在授课时可以考虑使用图表，这样的方式更容易吸引学生的注意力。图表的形式容易让知识形成一个整体，每个部分的关系也会变得一目了然。

教师在课上点名学生回答问题时应顾及所有学生，多鼓励学生，以此来提升所有学生的学习投入程度。同时注意培养学生的批判性思维，鼓励学生通过正确的判断对事物有全面看法。

英语教师应该鼓励学生独立思考。英语教师提供的问题可以是有多个答案的，可以让学生在纸上写出各自的答案，然后让学生在组内分享答案，选出组内最佳的答案，并在全班进行展示。这样做有助于使所有学生都积极寻找问题的答案，积极与他人交流自己的答案，从别人那里得到反馈，通过讨论也更容易找到更加合理的答案，也能够锻炼交流与表达的能力。

在课堂上，英语教师应该要求学生仔细聆听。如可以在课上让学生重复前一位学生所说的话，提醒学生注意倾听、相互学习。有时候同伴之间的学习更具有启发性。此外，英语教师课上讲话的内容最好不要超过整节课的20%，每隔10分钟左右可以让学生结对讨论一次，并请学生复述关键点。鼓励学生在复述时尽量表达自己的认识，这样有助于学生建立新旧知识的联系。实践表明，如果课上教师给学生更多的表达机会，学生则会就课上的材料进行深入思考，也会形成更深的理解。

教师在提问方面要注意循序渐进，如果进度太快，学生很可能跟不上。教师应该以身示范，教会学生如何一步步由浅入深地思考，最终将材料完全理解，并形成正确合理的答案。教师可以采用苏格拉底的"产婆术"，即通过交谈，在问答过程中揭示自相矛盾和有问题的地方，进而从个别的感性认识升华到普遍的理性，以此来认识和掌握知识。

教师在课堂里进行分组，促进合作学习。除了常规的分组讨论，还可以尝试一种新的方法。例如，两人为一小组，讨论出统一意见后，两个小组的学生合并，再讨论出统一意见，以此类推，从而让全班学生形成一个统一结果。在这个过程中，每个学生都参与其中。此外，辩论赛也是一种很好地促进学生批判性思维发展的方式。在培养学生自主、合作与探究等学习能力上还有很多需要注意的事情，教师应该在实践中不断积累经验，反思教学，不断提高教学艺术。

自主学习强调个体独立、主动、自觉和自我负责的学习，强调独立学习能力的培养，这样的能力将为学生自主发展与适应社会奠定基础。合作学习强调以小组为基础，以群体的分工协作为特点，这与独立学习相比，强调的是合作精神和团队共享。探究学习强调以问题作为依托，以探究和发现的方式来获得知识、习得技能，这三种方式可谓密不可分，只有恰当使用才能产生良好的学习效果。

六、应用于中学英语试卷讲评课中

在中学英语试卷讲评课中，高效的讲评模式的运用不仅能够促进学生在整个课堂学习中的知识积累和思维训练，而且能够逐步地帮助他们养成正确的解题习惯，更能够促进他们将相关的知识点联系成一个统一的整体，以有效地提高其解题效率。

实践证明，自主-合作-探究模式是适合中学生的一种英语试卷讲评课模式。这一教学模式尊重学生的主体地位，并从他们课前的自主学习出发，经过合作交流和与教师共同探究，共同搭建相关重点考点的知识框架。下面将先分析传统中学英语试卷讲评课中的问题，然后结合典型考题，探讨自主-合作-探究模式在中学英语试卷讲评课中的具体应用。

在中学英语试卷讲评课中，为了能够使自主-合作-探究模式充分发挥作用，教师可将其分为两大环节进行，即试卷讲评前的准备环节及正式的试卷讲评环节。

（一）试卷讲评前的准备

教师在正式展开试卷讲评之前应做好相关的准备工作，这是保证试卷讲评效果，有效提升学生学习动力的有效措施。教师要做好以下两个方面的准备工作。

1.教师进行精准的考试分析

为了能够提高试卷讲评的有效性，帮助学生及时发现自己在完成相关题目过程中所存在的问题及一些比较高频的失分点，在考试之后，教师要及时进行精准的考试分析。一般来说，教师可以从以下两个方面进行试题分析。

（1）教师可通过分析本班学生的考试分数得出学生本次考试的优分率、合格率、低分率及平均分等数据，并结合这些数据分析学生在本次考试中的整体情况。

（2）教师应具体分析出不同题型学生的得分情况及每一种题型出错率最高的题目，然后进一步分析造成失分的原因。比如，对于阅读理解这个题目，教师要统计本班学生失分率最高的前五个题目，并分析这五个题目具体的考查点是什么，如通过上下文语境进行词义推测的能力，通过快速阅读的方式把握语篇中心内容的能力，对长难句子的理解能力，对于作者态度的推断能力等。

2.教师对学生进行情感鼓励

在每一次考试之后，学生的内心都会有一定的波动。当学生知道自己的成绩有所进步时，他们往往会充满信心地再接再厉，并能够在以后的学习中投入更多精力；反之，当学生得知自己的成绩退步时，他们则会感到特别沮丧，甚至失去学习英语的信心。这个时候，教师要特别注意对学生进行情感鼓励，真正走进学生的内心世界，并帮助他们分析原因，甚至用温暖的话语增强他们学习的自信心。这也是挖掘学生的学习潜力、帮助他们找到学习动力的一项重要的准备性工作。

（二）正式的试卷讲评

正式的试卷讲评工作主要分为三个部分：学生课前的自我纠正（self

correction）、学生课上的团队矫正（team correction）、师生之间展开深入探究。

1.学生课前进行自我纠正，并对相关试题的考点进行剖析和总结

在传统的中学英语试卷讲评课上，很多教师一发下试卷后便开始逐题地进行讲解，并没有留给学生一定的自主分析试题的时间。在这种情况下，很多学生在听课过程中是比较盲目的，他们不知道自己应该听的重点是什么，也不会分析自己在本次考试中重要的失分点有哪些等，这不利于对知识的深入吸收和内化。因此，根据自主-合作-探究教学模式，学生需要在课前针对自己试卷中的问题先进行自我纠正，并对相关试题中的考点进行剖析和总结。

比如下面这个题目：

例1：Thanks to Mr.Smith，the father and the son eventually _____ after ten years' cold relationship between them.

A.took up　　B.made up

C.looked up　D.turned up

学生先要在课前自己进行错题订正，并分析这个题目所考查的重要考点。经过自主分析，学生可以发现该题考查的是"动词＋up"所构成的动词短语的具体语义及通过分析具体语境选择正确的动词短语的能力。在剖析试题的基础上，学生能够发现自己在知识点上的一些漏洞，且能主动对"动词＋up"所构成的动词短语进行进一步总结和拓展，从而形成一条较为完整的知识链，而不只是就题论题来掌握相关知识点。通过课前自主学习，学生不仅能够详细地总结出"take up, make up, look up, turn up"这四个动词短语的相关语义，而且能够通过知识拓展的方式总结出"break up, bring up, pick up, put up, come up, set up, give up"等同类动词短语的意思。实践证明，自主学习环节既能够为学生分析试题提供一定的空间，还能够促进他们对知识点进行总结和拓展，从而夯实他们的知识基础，培养他们良好的自主学习习惯。

2.学生课上进行团队矫正，并针对相关考点分析做题的正确思路

学生在课前进行自我纠正（self correction）的基础上，还需要在课上以小组为单位进行团队矫正（team correction），并针对相关的考点分析做题的正确思路。

在中学阶段，动词时态的考查是一个重点。然而，很多学生在解题过程中会出现混用动词时态及无法根据具体语境确定正确的时态等问题。比如，在某次考试中，一个考查动词时态的题目的失分率较高，题目如下：

例2：A study of ancient writings and evidence _____that for the past 5 000 years, cats have been kept as pets.

A.show   B.shows

C.showed D.had showed

这个题干中出现的干扰因素较多，包括"ancient"一词、"for the past 5 000 years"这一时间状语及"have been kept"等时态的运用，这些都属于干扰因素。因此，很多学生在解答这个题目时都出现了问题，且在"self correction"这个活动中不能很好地获得正确的解题思路。针对这种情况，学生可以在小组合作这个环节进行互相探讨。每个小组成员都可以发表自己的不同意见，同时，小组长要针对题中的一些关键信息对组员进行正确引导，让他们运用正确的解题步骤和解题思路来完成题目。比如，对于例2，各小组长可以给出这样的提示：请分析该例句中的主语"a study"与谓语动词"show"之间的关系，并分析谓语动词"show"的正确时态。在小组长的指导下，组员能很快明白该题中的谓语动词应该用一般现在时来表达"这是某项研究的客观的或者是真理性的研究成果"。

在此基础之上，小组成员可在组长的带领下总结出同类题目正确的解题思路。比如，对于考查动词时态的题目，组长可以和组员一起总结出如下解题方法：①快速阅读题干，把握题干中的具体语境；②寻找题干中明显的时间状语，并根据具体的时间状语选择正确的时态；③如果题干中没有明显的时间状语，就要进一步仔细阅读题干，理解题干的具体语义，并结合有关动词的时态方面的知识进行总结。

3.师生展开深入探究——构建有关重要知识点的框架

在最后一个活动中，师生要在学生小组合作的基础上展开探究，构建有关重要知识点的框架。在某次英语考试试卷上所出现的一些考点肯定是较为零散的，也是有限的。但是在试卷讲评课上，教师不能只关注这些试题中所出现的知识点，而应该和学生一起通过拓展和总结的方式呈现具有紧密联系的知识网络，促使学生认识到每一个知识点之间的内在联系，从而加强他们的学习和记忆的效果。

比如，对于动词的时态和语态这一中学阶段的重要考点，教师可以和学生一起通过表格的方式总结出中学阶段所学各种时态的具体定义、相关的时间状语、其主动结构和被动结构，以及需要备注的一些其他知识点。这样，通过教师和学生之间的深入探讨，一张完整的中学阶段的时态和语态表便可以呈现出来，这对于加强学生对不同时态的比较学习和拓展延伸都具有重要的意义。这样，学生在以后遇到相似考点的题目时，就能够很快地从大脑中提取相关知识点，从而提高解题的正确率。

总之，在中学英语试卷讲评课中，传统的教师"一言堂"的方式既无法有效吸引学生的注意力，又很难帮助他们发现学习过程中存在的问题，更不能有效拓展他们的知识面。而自主-合作-探究模式的应用对于全面发展学生的学习能力、培养其良好的解题技巧和习惯、拓展他们的知识面及促进其自主分析和小组合作等都具有重要作用。

第七章 以教学评价为引领培养学生素质的策略

第一节 教学评价与学生素质养成之间的关系

一、厘清教学评价的概念

教学活动是教、学、评三方面有机结合的整体，缺一不可。通常教师的"教"和学生的"学"广受关注，而"评"常常得不到应有的重视，很少出现在教师的备课过程中。实际上，教学评价是否科学有效，直接影响教师的教学能否达成学科育人目标，影响学生能否将学科知识和技能转化为自身的学科核心素养。对教学评价的认识，目前还存在一些误区，例如将评价简单等同于考试、检测或提问，重视应试教育，忽视考试评价之外的其他形式评价，这些严重阻碍了英语学科核心素养的培养。

下面从厘清教学评价的概念开始，阐述对教学评价的正确认识。根据新版课程标准，教学评价主要指教师依据教学目标确定评价内容和评价标准，通过组织和引导学生完成以评价目标为导向的多种评价活动，以此监控学生的学习过程，检测教与学的效果，实现以评促学，以评促教。教学评价的形式是丰富而多元的，教师应以核心素养为导向，基于教学活动的内容，创设符合教学需求的评价活动，演讲、描述、展示、对话、游戏、陈述、讨论、制作思维导图等非纸笔测试活动都是常用且有效的方式。

换言之，要实施有效的教学评价，首先要确立基于教学目标的评价目标，然后明确评价内容，根据评价目标和评价内容设计多种评价活动。在实施教学评价的过程中，学生作为评价过程的重要参与者，拥有评价的主体地位。为使英语学科核心素养能落地，评价目标的确立、评价内容的选定及评价活动的设计，均应与学科核心素养以及学业质量标准保持高度一致，形成教、学、评一体的评价体系。

二、明确教学评价的类别

新版课程标准指出：基于英语学科核心素养的教学评价应以形成性评价为主并辅以终结性评价，定量评价与定性评价相结合，注重评价主体的多元化、评价形式的多样化、评价内容的全面性和评价目标的多维化。在实施过程中，教师需要结合教学特点与评价目的，基于学生主体，选用合理的评价方式，达成形成性评价与终结性评价的有机统一。

教学评价依据不同标准可划分为不同类别，中学英语教学中常用的是形成性评价和终结性评价。①

（一）形成性评价

形成性评价就是在课程设计过程、教与学过程中使用的系统化评价，以便对这三个教育流程中的任何一个流程加以改进。

1.形成性评价的作用

（1）转变教师角色，促进教师发展

凡认真进行形成性评价研究和实践的教师都深刻认识到，在进行形成性评价的过程中，教师的角色与在进行终结性评价时截然不同。在终结性评价中，教师是考官，考试是为了选拔和甄别，师生难以交流，看到的只是学习结果；而在形成性评价中，教师是与学生共同探讨和改进学习方法，站在学生的角度研究学生的发展。教师这种新的角色可体现在以下几个方面：

---

① 梅德明，王蔷.改什么？如何教？怎样考？高中英语新课标解析[M].北京：外语教学与研究出版社，2018：105-118.

第一，在实际教学中利用师生相互评价，做与学生平等的合作者。要想真正成为学生的合作者，教师不仅要走下讲台，靠近学生，更为关键的是心要贴近学生，与学生交流，一起活动，共建和谐的教学氛围。

第二，利用学生自评，作谦虚的倾听者。这样既尊重了学生，又培养了他们的创新思维，有利于学生创造型个性品质和创造型思维品质的培养和建立。

第三，利用随机评价，做真诚的赏识者。教师要关注学生成长与发展的每一点进步，帮助学生发现自己、肯定自己。

第四，利用自身优势，做学生和家长的得体协调者。教师可利用反馈单和家长会的机会，变由学校的单方面评价为学校与家庭共同评价。

第五，利用评价多样化的特点，做资源的开发者。开发各种教学资源，应用多种评价方法，将有利于更清晰、更准确地描述学生、教师的发展状况。

在实施形成性评价的过程中，教师的教学能力也得到了发展。近年来，外语教师自身提高更注重教师发展（teacher development），强调在教育的基础上鼓励教师反思自己的教学，评价自己的教学成果，从而进行个性化的教学行为研究。基于这种教师发展的理念，不少外语教师从探讨形成性评价的理论和实践入手，自觉把教学工作和发展自身联系起来，在进行形成性评价的探索中，使自己成为一名研究者。

（2）培养学生的创新意识和实践能力

就形成性评价和终结性评价的功能而言，显著区别之一就是终结性评价（尤其是大规模测试）侧重对知识和技能的检查，侧重将课本知识应用于实际生活。

学生的创新意识和实践能力很大程度上取决于自主学习的能力和个性化学习。按照规定的课本，进行统一的全班授课式学习，很难体现学生个性化的学习需要，大规模终结性测试也很难反映学生的个性特征和创新意识。而注重学生发展的形成性评价，则可以为学生提供展示其创造性思维和动手能力的空间，使外语学习更加联系于生活实际，体现学习语言是为了使用语言，体现语言的工具性和实践性，体现"学了知识要有用，要学有用的知识"这一理论和实践相统一的教学理念。

形成性评价中采用的任务型项目学习（Task-Based Project）就是基于任务型学习（Task-Based Learning）理论的一种评价形式。任务型学习是近十年来国际外语教学界新兴的一种教学理论，它强调用语言做事情，强调以完成任务作为学习的途径。学生在运用所学语言完成一项具体任务时，他们是把自己看作学习主体，他们的感受是"我有能力做这件事情"。在评价学生完成这项任务时，核心是放在学生的态度、能力和运用语言的过程上。例如，中学生的任务型项目学习有生活用水情况的调研报告，有以吸烟为主题的评论分析，有以剧本为题材的课本为基础进行改写、表演并评价等。

学生在完成这些任务时，全身心地投入工作，互相协作和评价，甚至忘记了自己是在学习英语。这样一种学习效果正是任务型学习理论的初衷，即学生把注意力集中在完成任务过程的同时，语言能力也得到了发展。

学生在完成各自的任务时发挥积极性和创造性，充分体现了个性发展和合作学习，也展示了个人在集体中的作用和价值。完成每一项任务无不需要他们动手实践，语言的应用也自然地体现在其中。可以说，这种形成性评价的形式为学生的创新意识和实践能力提供了天地，使素质教育的思想体现在学习过程之中。

（3）培养学生的学习策略

在研究中，我们采用了国际教育界近年来较为流行的学习档案，它是一种重要的形成性评价方式，目的主要在于肯定学生的学习成就和学习发展，发挥激励作用。通常收入学习档案中的资料可以包括：①新学期开始时，反映学生实际基础的测验或学习记录；②学生课内外学习行为记录，如课堂问答、朗读、讨论、角色表演等；③书面作业样本记录和平时测验记录；④教师、家长的评价以及学生之间的评价；⑤学生对自己学习档案的反思及评价；⑥某一项学习内容的学习过程记录，例如一学期中若干次写作的初稿、修改和定稿过程。

建立学习档案的方法对于学生学习策略的形成有极大影响。学生在建立学习档案和收集内容的过程中，都要根据课堂所学内容和课程的要求，完成自己的作业任务，这一过程实际是学生在自主建构知识体系，是在形成一种适合自己的认知策略。学生自主选择比较满意的作品的过程实际是在反思自己的学习方法和学习效果。

除了培养学生的自主性和自信心，在学习档案的收集过程中，学生还要自己确定选择标准，要对选择的内容进行分析、比较和反思，充分体现了学生参与评价的主体性，从而培养学生进行自我调控的策略。

另外在完成任务型项目学习时，学生要广泛收集课内外资料，有时光靠课本所学的知识是远远不能完成任务的，此时学生会从各种书刊、杂志、音像制品和互联网上搜集资料，然后加工、整理，形成自己的作品。这种广泛利用学习资源的意识和做法，已经远远超过了以课堂教学为主要形式和以教科书为主要教学资源的传统教学模式，从而培养了一种学生信息时代的沟通合作、资源共享的策略。

2.终结性评价

终结性评价则是在一个相对完整的教学阶段（一节课、一个单元、一学期或一学年）结束之后，对整体教学目标的实现情况与程度作出评价。例如，成长档案袋是比较典型的形成性评价方式，集中体现和展示学生动态的学习过程以及学生的进步和成果。但有时形成性评价和终结性评价并非界限分明，而是会互相转化。教师应当将形成性评价和终结性评价相结合，用评价引导学生在英语学习中学会认知、学会思考、学会实践。

（1）终结性评价的作用

终结性评价是在一段时间的学习后为测查最终学习与教学结果而进行的评价。终结性评价可以诊断学生学习中的问题和错误所在，不断修改教材和调整教学过程，使学生达到学习目标，从而把教学评价和教材的编写、制定和修改教学过程紧密地联系在一起，使教学评价理论发展到一个新的水平。教学评价包括有效进行教学指导的一连串反馈活动，它对调节教学过程，提高教学水平起着重要作用。通过终结性测验及时加以反馈，有助于学生了解自己的学习情况，从而改进学习。教师也可以通过学生学习成绩的反馈了解学生的学习状况，从而对教学内容、教学方法、教学策略进行改进和提高，有助于教学。然而，终结性评价主要采取试题考试的形式，这无疑在某种程度上强化了分数的作用。它侧重于学生学习的最终结果，忽略了学习的过程，而且这种评价的过程是单向的，学生不参与评价，只是被动地接受评价。因而不能全面评价学生的学习能力，甚至可能挫伤学生的学习积极性。

（2）终结性评价的特点

终结性评价在"给学生评定成绩，或为学生作证明"方面起着无可替代的作用，它所传递的信息虽被普遍接受，但却往往偏离事实。这种评价方式重知识、轻能力，重结果、轻过程，重教师的教，忽视学生思维水平的发展。终结性评价方式是以考试成绩来作为最终评判标准，社会、家长和学生主动或被动地愿意接受这种学习成绩的评判。相当一部分学生学习英语的动机和目的就是为了考试或升学。这种工具型的学习动机显然不易激发学生学习英语的积极性和保持学习的持久性。相反，一旦学生成绩不理想，他们更多的是感到焦虑、自卑和自责，他们的自信心会受到严重打击，进而认为自己"不是学英语的料"。这显然不利于英语学习能力和实际运用能力的培养，并在很大程度上引导学生只重视支离破碎的语言知识的记忆与背诵，而忽视了对语言本身的运用和交际能力的提高，以致出现了人们所诟病的"聋哑"英语。这种评价体制也极大地挫伤和遏制了外语教师对外语教学内容与方式进行改革与探索的积极性和能动性。实际上，学生英语学习的能力表现是多种形式的，并非只能用分数来体现。终结性评价是在一门学科课程结束时进行的，主要针对总的教学效果，关心的是最终的目标达成与否，目的是研究不同学生各自达到的不同水准或彼此间的相对地位。它一方面是因为教学的总目标无法在形成性评价中全部体现，需要终结性评价来考查各单元知识的横向联系并在这一基础上提高综合的难度和深度。另一方面是由于终结性评价在教学中有其独特的重要地位和功能，它除了主要用于评定学生成绩，还有下列用途：预测在随后的教学过程中能否取得成功，确定随后教学程度的起点，对学生进行反馈，对技能和能力进行证明。终结性评价的实施与我国期末考试很相近，但应指出的是，我国现行的期末考试缺乏完整的目标体系，摇摆性大，一贯性差。为此必须通过建立"内容-行为"对应的目标体系和常规参照题库来解决。

（3）终结性评价的形式

终结性评价主要用于评定学生对一学期、一学年或某个学习课题的教学目标达到的程度，判断教师用的教学方法是否有效，并全面评价学生的学习效果。终结性评价体系需要正式的、结构化的和有监考的，所以需要比形成性评价具有更有效的、更严密的计划、安排，以及在学术部门和主要部门之间的协调配合。终结性评价是强调学生成绩，而不是对努力或能力进行衡量。从学生的角度来看，终结性评价主要被用来决定最后的课程分数；从指导教师的角度来说，终结性评价是解释性的一种手段。大多数教育家相信，由于终结性评价提供了大量的信息，所以终结性评价是教育过程的一个重要组成部分，一方面，它是有效的、可信的、真实的和多种形式的；另一方面，终结性评价可能鼓励学生一些不道德的行为。所以调整终结性评价减少学生作弊和剽窃的机会是十分重要的。

终结性评价通常集中在学生的表现、课程实用性、学生对授课方法的态度和教师的教学风格和有效性上。不论过去、现在还是将来，终结性评价都是必不可少的一种有效的评价形式，对促进和督促学生学习始终起着不可忽视的作用。

三、发挥教学评价的功能

评价是课程不可或缺的一环，没有评价就没有课程，更谈不上英语学科核心素养的达成。依据新版课程标准，教学评价的目的是促进英语学习，改善英语教学，完善课程设计，监控学业质量，是实现课程目标，培养和发展学生学科核心素养的重要保障。评价的功能主要有促学、促教和诊断等。

（一）促学功能

英语课堂教学评价因其建构性、交互性和向生性等学科特征充分体现出强大的促学功能。在教学过程中，教师以达成培养学生英语学科核心素养为目标，在各个环节穿插设计自评、互评、教师评价、档案袋等多种评价方式，激励学生积极参与学习和评价活动，在达成预设教学目标的同时，动态建构新的语言文化知识，并促进学生思维品质和学习能力的习得，提升课堂教学效果。学生经由自评和互评等多元评价活动，激发学习潜能，与同伴互相学习，取长补短，取得更大进步。而教师评价中的正向激励能激发学生的正向发力，增强求知欲，提高学习热情，教师和同伴的鼓励和肯定通常会对学生产生积极影响。

（二）促教功能

教学评价的促教功能主要体现在教师在评价中获得英语教学的反馈信息，对自己的教学行为进行反思和调整，不断提高教育教学水平。赫里蒂奇指出，教师应加深对教育改革的理解和对评价目的、过程、功能等的认识，通过课堂评价，收集并分析学生的学习情况，了解学生的需求，发现学生的问题，确定学生的真实水平与预期目标之间的差距，并提供反馈，进而审视自身教学实践，调整教学活动，以促进学生的学习和全面发展。通过制定评价标准和实施评价，教师能进一步了解自己在课堂教学中的长处与不足，明白自己教学过程中各环节对学生学科核心素养的培育是否有效，确定今后的教学设计方向。因此，课堂教学评价和反馈能激发教师提高教学质量的内在动力，从而起到促进教师专业发展的作用。

（三）诊断功能

科学有效的课堂教学评价有助于帮助管理者鉴定教师的教学方法、业务水平和教学态度，能诊断出影响教师教学效果的各种因素，客观、全面地评价教师的教学质量，以改善教师的课堂教学和管理能力。

在实际教学中，多元的课堂评价活动渗透在教学的各个环节，助力教师监控学生学习，发现学习过程中的问题，并根据反馈及时调整活动内容与方式，达成教学目标。学生作为评价主体，也可根据教师给出的明确评价标准展开自评和互评，并根据评价结果采取适当的学习策略，对自身的学习进行反思和调控。

　　只有选用恰当多元的教学评价方法，与教学目标联动，有的放矢，将设计好的评价活动贯穿于教学中，真正实现教、学、评一体化，以评促教，以评促学，才是利用教学评价促进英语学科核心素养的有效路径。

四、英语学科核心素养与课堂教学评价的关系

　　英语学科核心素养与课堂教学评价是存在紧密联系的：一方面，通过有效开展课堂教学评价，能够促进学生英语学科核心素养的提升；另一方面，随着学生英语核心素养的不断提升，英语教师可以在此基础上对课堂教学评价体系进行完善和优化，进一步提升评价的科学性。

（一）课堂教学评价促进学生英语学科核心素养的提升

　　课堂教学评价指的是在课堂教学中对学生的学习情况进行评价及学生对教师的教学情况进行评价，通过双向、多元化评价，寻找教学过程中存在的问题，最终解决问题，从而取得理想的教学效果。从中学英语学科核心素养层面来看，开展课堂教学评价，能够使学生英语核心素养得到有效提升，因为在开展课堂教学评价的过程中，教师可以发现学生英语学习的优劣势，明确其薄弱环节，并在后续的教学中针对其薄弱环节系统制订教学方案，学生则可以通过自我评价了解自己的学习状况，明确未来的学习重点。可见，课堂教学评价能够为教师和学生指出明确的努力方向，促进二者共同提高。

（二）英语学科核心素养推动课堂教学评价的完善

　　在课堂教学评价促进学生英语学科核心素养提升的同时，英语学科核心素养又反过来推动课堂教学评价的完善。

　　在中学生英语学科核心素养不断提升的过程中，他们的英语技能也得到有效提升，原有的课堂教学评价体系不再适应，因此需要结合学生的实际情况、教师教学的新方向和新目标等对教学评价体系进行完善和健全。只有定期对教学评价体系进行调整，使之与教学的大方向和师生在不同阶段的需求

保持一致，才能够更好地提升中学生的英语学科核心素养。可见，中学英语学科核心素养培养能够促进课堂教学评价的完善，而课堂教学评价的完善又可以使学生英语学科核心素养培养取得更理想的效果。

第二节　依据高考命题导向与特点提高学生素质

正确认识教学评价对培养学生学科核心素养有着至关重要的影响。高考作为一种评价手段，深受关注。教师是否对高考的考查内容和考查本质进行了深入理解，决定了其能否在教学中真正做到培养学生的学科核心素养。高考究竟考查什么？其命题的原则是什么？如何考查学科核心素养？高考考查的内容和学科核心素养之间究竟有什么关联？如何依据高考命题导向和原则探究培养学科核心素养的有效路径？

高考是在完成所有教学活动后为把握最终的活动成果而进行的考试和评价，属于终结性评价。高考命题具有明确的导向性和鲜明的特点。把握高考命题导向和特点有助于提升教学效果，有助于提高学生的学科核心素养。然而，当前教师们对高考命题的导向和原则研究不够深入，对高考命题与英语学科核心素养的关系存在认知上的误区和不足。因此，深入理解与把握高考命题的导向和特点，厘清高考命题与英语学科核心素养的关系，探究有效的教学手段就成为提高学生学科核心素养的关键。

一、核心素养在高考英语中的体现

（一）关注学生的逻辑思维能力

逻辑思维也属于英语学科核心素养的重要部分，指人借助概念等相关内容、形式对事物的本质展开判断，属于高级思维形式。当前在英语学科的高考中已经有了关于学生逻辑思维能力考查的题型，基本上英语高考阅读理解的文章结构以总–分–总为主，学生只需要掌握基本的文章结构，即可拥有较为准确的判断能力，再利用自身的知识储备，对短文的内容进行定位、思考等处理进行解题，此过程正是学生使用逻辑思维能力的过程，因此该类试题主要目的是考查学生的英语核心素养。

（二）考查学生的发散思维能力

发散思维又称为扩散思维，指人的大脑在思考过程中呈现扩散状态，属于英语学科核心素养中的主要分支。英语学科高考中一般使用阅读理解中的猜测词义一类题型来考查学生的此种核心素养，而出题方式则较多样化。英语学科的高考对于核心素养内容的体现也正迎合了新课标要求的学生的语言学习应在具体的主体语境中，不仅要学习语法、词汇，而且还要掌握如何利用语言理解文化和内涵。

（三）强调学生的判断思维能力

判断性思维指人能够细致地思考问题，同时分析问题的前提和假设等内容，并判断问题的性质。批判性思维中包含六大技能，即解读、分析、推理、评价、解释和自我控制，属于英语学科核心素养的主要内容。在高考中，考查学生判断思维的题型如今已比比皆是，学生在答题的过程中需要保持判断力，即判断题目中所给出的选项是否与原文相符，从而得出正确答案。

综上所述，当今我国的英语学科高考的主要考查方向已转化为对学生核心素养和相关能力的考查，各大考点中都包含了对学生英语核心素养的考查内容，因此教师应及时针对当下现状保障核心素养在学科教学中的渗透，促使学生能够游刃有余地面对高考。

二、依据高考命题导向与特点提高学生素质的策略

（一）整体把握高考命题依据和原则，走出认知误区

1.命题依据

课程标准明确指出，英语高考的主要参照标准为课程标准规定的必修课程以及选择性必修课程的主要内容和学业质量水平二的要求。"中学英语学业质量水平二"规定了对学生听、说、读、看、写五个方面关键能力的考查方向。例如，新版课程标准在学业质量水平2-1和2-2的质量描述中，明确了"在听的过程中，能抓住熟悉话题语篇的大意，获取其中的主要信息、观点和文化背景。理解说话者选用的词汇、语法结构和语音手段所实现的特殊表达效果"。语篇解读能力考查方面，学业质量水平2-8和2-9的质量描述为"能判断和识别书面语篇的意图，获取其中的重要信息和观点；能识别语篇中的主要事实与观点之间的逻辑关系，理解语篇反映的文化背景；能推断语篇中的隐含意义，能识别语篇中的内容要点和相应支撑论据，能根据定义线索理解概念性词汇或术语，能理解文本信息和非文本信息的关系"。除此之外，对语篇成分之间的逻辑关系与隐性文化也作了强调。在学业质量水平2-13和2-14有关写作能力考查方面，质量描述为：能在书面表达中有条理地描述自己或他人的经历，阐述观点，表达情感态度；能描述事件发生、发展的过程；能描述人或事物的特征，说明概念；能概述所读语篇的主要内容或续写语篇；能在表达过程中有目的地选择词汇和语法结构，确切表达意思，体现意义的逻辑关联性；能使用多模态语篇资源，达到特殊的表达效果。此外，对写作能力的考查还强调了词汇、语法的恰当使用，表达的逻辑性和有效性。

2.命题原则

英语高考在命题原则上重点突出以下六个特点：

（1）高考的命题原则与英语课程的目标和理念保持一致。英语课程的基本理念主要体现在以下几个方面：①发展学科核心素养，落实立德树人；②满足学生个性化发展；③实践英语学习活动观；④完善英语课程评价体

系，促进核心素养的有效形成；⑤重视现代信息技术运用，丰富课程资源。

（2）高考命题要能做到全面考查英语学科核心素养。英语高考的命题重点考查学生在具体的情境中对英语的表达和运用，尤其强化考查听、说、读、看、写的能力。高考题型中的听力、阅读理解、语言知识运用和写作正是对这一考查方向的呼应和印证。

（3）英语高考命题要考虑到语言在现实生活当中的使用，强调语境的真实性。这一特点尤其反映在听力命题上。听力材料中的对话就是来自日常生活的真实语境。例如，某年全国I卷听力材料中的情境主要涉及校园生活、购物、旅游、交通、工作、活动等一系列真实生活语境。

（4）高考命题要符合学生的生活实际经验和认知发展水平。试题内容和载体的选择不能脱离学生自身的认知，避免影响试题的公正性和合理性。以2019年全国I卷阅读理解A篇为例，这篇阅读理解"Need a job this summer?"主要介绍了暑假期间年轻人可以参与的一些项目，试题内容符合学生的生活实际情况。

（5）高考命题要保证信度和效度。作为终结性评价手段，高考要在最大程度上准确反映学生真实的英语学习水平。

（6）高考命题要有合理的评分标准。评分标准的制定与所考查的关键能力紧密联系。

（二）深度理解高考与核心素养的关系，探究高考命题的本质

从高考命题的依据和原则来看，英语学科核心素养的考查为高考评价的重中之重，同时体现了高考命题的本质。深度解读、理解高考与核心素养、课程内容六要素之间的关系，探究高考评价的本质是提升学生学业质量水平的关键。英语学科核心素养主要包括语言能力、文化意识、思维品质和学习能力四个方面。英语课程内容的主题语境、语篇类型、语言知识、文化知识、语言技能和学习策略六个要素是英语学科核心素养的发展基础。课程标准将六要素按照内容要求划分（主题语境除外）为必修、选择性必修和选修共三个类别。其中必修和选择性必修的要求是高考命题的主要依据。主题语境分

别为人与自我、人与社会、人与自然。这三个主题语境涵盖了生活与学习、做人与做事、社会服务与人际沟通、体育、历史社会与文化、科学技术、自然生态、环境保护、灾害防范、宇宙探索等众多主题群。这些主题群则是高考命题的主题范围。以某年全国I卷阅读理解为例：阅读理解 A 篇为火车站相关信息说明，主题语境为人与社会，主题群为社会服务。阅读理解 B 篇为重读一本好书带来的愉悦之感，主题语境为人与自我，主题群为生活与学习。阅读理解 C 篇为竞走运动的介绍和作者对该运动的观点，主题语境为人与社会，主题群为体育。阅读理解 D 篇为植物与人之间的关系阐述，主题语境为人与自然，主题群为环境保护。这一命题特点可以帮助一线教师站在制高点认知高考，并以此为基础探索出有效的教学手段提升学生的学业质量水平。

必修和选择性必修语篇类型强调对记叙文、议论文、说明文和应用文这些传统语篇类型的掌握，同时对新媒体语篇、表格图示、广告等其他语篇类型提出了要求。在某年全国I卷阅读理解部分，五篇阅读材料的语篇类型依次为介绍华盛顿自行车骑行赛的应用文、介绍一档美食节目的说明文、探究语言动态变化与分布的议论文、研究旧电器使用的说明文和颜色布置选择的说明文。语言知识运用第一节的语篇则选用的是一篇蕴含感悟的记叙文。此外，全国I卷在阅读理解中还考查过表格这一不常出现的语篇类型。研究发现，在高考语篇中，常规语篇类型分布相对比较均衡、全面。

必修和选择性必修在语言知识层面上强调了语音的重音、语调和节奏，词汇的积累，词块的积累和表达，词缀和词性变化；有效选用语法来表达意义，尤其是对时态、非谓语和从句的运用，不同语篇的结构特点，语篇衔接手段、逻辑关系等；语用知识层面的得体性，以及对他人态度情感和观点的正确理解。这些要求也是高考要求。

在文化知识方面，课程标准在必修和选择性必修课程中提出要了解外国文化，同时要用英语讲好中国故事，传播和弘扬中国文化，也要正确看待文化差异。这些要求也直接反映在高考命题上。例如，2020年全国Ⅲ卷阅读理解B篇中提到了"Rise of the Planet of the Apes"（猩球崛起）这部西方大片。2019年全国Ⅱ卷阅读理解D篇涉及了NASA（National Aeronautics and Space

Administration，美国国家航空航天局）。这些都是很典型的介绍外国文化的语篇。中国文化和中国元素在高考卷中也越来越频繁出现。以书面表达为例，2018年全国I卷的内容为向外国朋友介绍中国习俗，2019年全国I卷的内容涉及在伦敦参加中国画展览志愿者申报。此外，2020年全国Ⅱ卷语言知识运用第二节所选的语篇是中国新年的装饰物，这些都是传播和弘扬中国文化的典范。

语言技能包括理解性技能和表达性技能，必修和选择性必修在理解性技能上强调信息与观点的提取与概括、语篇结构与逻辑关系、信息的推断、观点与事实的区分、论证关系等。表达性技能则侧重于口头和书面表达的逻辑性和有效性。高考题型中的信件、通知、活动介绍等写作和续写是考查表达性技能最直接的体现。而高考题型中阅读理解的题目设置则集中体现了理解性技能的考查。

学习策略包含元认知策略、认知策略、交际策略和情感策略。有效的学习策略有助于学习效果和效率的提升。高考命题中对学习策略的考查往往具有隐蔽性，更强调通过在解题过程中的实际运用最终得到显性的可测量结果。例如，高考阅读理解中经常会出现推断词义，这就要求学生在阅读过程中能借助情境和上下文综合考虑作出正确选择，这也是选择性必修认知策略中第5点所阐述的内容。高考写作题有续写题型，要求学生根据所提供的文本和两句段首句完成150字左右的两个续写段落。这种题型和要求无疑直接指向选择性必修认知策略第10点——"利用构思、谋篇布局、起草、修改、编辑等手段创建和完善文本"。总之，高考命题的原则、导向与必修和选择性必修所规定的学习策略相关要求具有高度一致性。而课程内容六要素作为一个有机整体则是英语学科核心素养的发展基础，为发展核心素养服务。因此，高考作为一种终结性评价方式，其本质就是对英语学科核心素养养成情况的成果性检测。要把握高考命题的特点和方向，就要实施指向英语学科核心素养的教学和研究。

（三）探究落实核心素养的有效方式

依据高考命题导向和原则，探究落实核心素养的有效方式是提升学生学科关键能力的关键。具体做法如下：

1.利用大数据探求高考与核心素养之间的关系

基于大数据进行教学问题探究，是实现精准教研的重要手段和方式，改变了传统的粗放式探究教学问题的模式，让问题的探究过程由隐性走向显性，由模糊的经验式感觉走向清晰的数字化论证。通过收集、分析和运用各类多模态数据，让教学问题的探究和核心素养的培养更具针对性和实效性。

总之，以大数据调研为前提的教学问题探究方式具有客观反映、科学分析、准确定位、省时高效四大特点。这种探究方式非常务实和高效，能从实证层面以数据的形式清晰展示问题所在，提高教学问题探讨的精准性，为教师教学指明了学科核心素养培养的具体方向。

2.建立高效的课堂范式

"范式"的核心定义为"学科基本观点、基本理论和基本方法，共同的理论模式和解决问题的框架，是学科的一种共同方向"。[①]对学科教学而言，范式理论提供了发现和解决问题的参照模式。由于其具备"具体性、优先性、时效高、便捷性、容纳性发展性"，[②]范式运用于英语学科教学能有效提升学生的学业质量与水平。英语学科教学范式的建构在具体操作上如下：

每一课时教学设计的基本操作思想和方法直接影响到教学效果。我们认为一个课时的教学设计，尤其是高三复习课的教学设计，在原则和理念上应该遵守以下范式：课前唤醒、课中活动、课尾留白。

课前唤醒指每一节课要有一个好的导入，让学生能充分热身，激发学生的兴趣，为重点内容的教学做好铺垫。在实际教学中，我们可以参照以下导入手段：歌曲导入（唤醒探究热情）、游戏导入（激发学习兴趣）、复习导入（提升迁移水平）、图片导入（调动自主意识）、线索导入（认知语言内

---

① 库恩.科学革命的结构[M].金吾伦，胡新和，译.北京：北京大学出版社，2003：142.
② 贡江春.试析库恩"范式"理论的优点和缺陷[N].科学导报，2019-06-14（B02）.

涵）和直观导入（强化感官刺激）。①多元化课堂导入为学生高效参与课堂活动奠定了良好的基础，可以有效提升学生英语学习的质量。

课中活动指每一节课教学设计要体现英语学习活动观。新版课程标准明确指出："活动是英语学习的基本形式，是学习者学习和尝试运用语言理解与表达意义，培养文化意识，发展多元思维，形成学习能力的主要途径"。学习活动的设计应具备综合性、关联性和实践性，还要兼顾层次性，应涉及学习理解、应用实践和迁移创新等不同层次，全面提升学生的课堂参与度。

课尾留白指每节课要留有学生自我反思和整理的时间。教育学家苏霍姆林斯基说，"有经验的教师讲课的时候，往往只是微微打开一个通往一望无际的科学世界的窗口，而把某些东西留下不讲"。留白是一种教学艺术，学生"填白"的过程就是自我反思和领悟的过程。每节课不需要满堂灌，一讲到底。课尾空白就是留给学生整理、反思消化的时间，也留下内化提升的空间。当然，留白这一教学艺术也可以推而广之，把它放在课前和课中，利用课堂留白构建以人为本的高效英语课堂。

第三节　教学评价促进学生素质达成的策略

教学评价是英语课程的重要组成部分，目的是促进英语学习，改善英语教学，完善课程设计，监控学业质量。科学的评价体系是实现课程目标的重要保障，概括起来讲就是"以评促学、以评促教、教评统一"。

但是，目前课堂评价的设计和实施还存在明显不足。首先，为课堂评价开发的量表大多从教师教的角度出发，很少有从学生的学出发，为学生的学习过程和结果划分不同维度与等级，导致学生不是评价的主人，学生的学习策略和元认知策略得不到相应的反馈与提升，发展与成长受限；其次，课堂

---

① 李萍.高中英语教学中的课堂导入策略[J].学周刊，2021（09）：133-134.

评价焦点的确定缺少科学的依据和实施的原则，有些教师厘不清学生的学习难点和教学重点，自身的语言测评素养有待提高；最后，在评价过程中，学生不是意义建构的积极参与者，而是零散知识的接受者，教师和学生互评互促的环境还未形成。

一、提升对课堂教学评价的重视度

中学英语教师要提升对课堂教学评价的重视度，明白其与核心素养培育之间的关系，只有对课堂教学评价有正确的认识，才能够对其进行系统规划。

（1）学校要重视对英语教师的宣传和培训，使英语教师能够认识到课堂教学评价的重要作用，并将其纳入日常教学流程中。例如，学校每周或者每月组织教师开展一次课堂教学评价交流会，共同分析课堂教学评价的重要性，通过分析和研判深化对课堂教学评价的认识。

（2）教师加强自我研修和学习，明确课堂教学评价对学生核心素养提升的重要作用。在日常教学中，中学英语教师要加强理论学习，通过实验、考察、研讨等弄清楚课堂教学评价与学生核心素养提升之间的关系，并将课堂教学评价置于重要位置。

二、优化课堂教学评价的方式

中学英语教师在提升对课堂教学评价重视度的基础上，要对课堂教学评价的方式进行探究和思考。

（1）教师语言评价。这种评价方式是目前中学英语教师普遍运用的方式。教师的评价语言机智灵活、因人而异，充满人文关怀，学生在教师的评价下对自身的学习情况有所了解，明确了下一步的学习目标。

（2）学生互评。这种方式指的是教师要引导学生发挥自身的主动性，相互之间对对方进行评价。通过这种评价，学生可以更为全面地了解自身情况，规避学习中的缺陷。

（3）学生自评。学生自评是学生对自身进行的评价，在这种评价方式下，学生需要对自身学习情况进行系统分析和研判，找出学习中的不足，并仔细分析不足，从而自我修正。中学英语教师要引导学生学会对自身进行思考，做到每日自省，在思考和探索中实现核心素养的提升。

（4）教师与学生互评。在教育教学活动中，教师和学生都是不可或缺的参与者，离开任何一方，教学工作都无法开展。因此在开展评价的过程中，教师不仅要对学生进行评价，还要引导学生对其教学情况进行评价。例如，可以每周安排固定时间，教师引导学生对其教学情况进行思考和分析，并挑选几名学生说出教师教学中的优点，指明缺点。这样教师就可以更了解学生的学习需求，在后续教学中能够更好地改进，提升教学效果。

三、研制师生共用量表，以评促学，推动学生的发展与成长

"评价旨在了解学生的任务完成情况，检验学生的学习成果，就疑难点和普遍问题进行补救性教学，然后学生对自己产出的文本进行修改和互改"，效度、信度高的评价量表对评价教学至关重要。[1]量表通过对学生产出结果的有效评价来发挥评价结果的诊断功能和促学功能，也为下一步教学方案的指导和调整提供参考，既是对学生产出成果的终结性评价，又是写作讲评课形成性评价的开始。

以读后续写评价量表为例。一方面，由于该题型是高考新增题型，针对性的评价量表相对较少而且不容易实施；[2]另一方面，量表的开发往往是从教师评价的角度出发，学生无法根据量表准确判断自己习作的档次和评判标准，无法为下一步的修改提出恰当合理的建议。为此，课程标准建议"教师要善于启发并与学生共同总结和提炼有效的评价标准或原则，指导学生学会运用这些标准和原则进行自我评价"，提倡"学生开展自评和互评，加强学生之间、师生之间评价信息的互动交流"，研制师生共用量表。

一方面，学生在量表的帮助下，以个人独立思考和小组讨论相结合的方

---

① 薛海燕.产出导向法指导下的高中英语读后续写教学实践[J].中小学教材教学，2021（03）：32-36.

② 吴雪峰，柳烨琛，殷缘.英语写作评分标准模型的建构及其效度研究[J].外国语文，2018，34（05）：137-146.

式参与评价，"能主动考查自己续写任务的达成度，学会自我监控和调整学习目标、学习策略、学习方式和学习进程"；另一方面，量表帮助学生从内容产出、语言运用、篇章结构三个层面根据事实信息给出评价并提出修改意见，"学生通过修改对同一内容进行深度加工，进行有意义的重复，能拓展思维的深度和广度，起到强化所学内容的作用"，促进教和学的发展。^①

四、确定课堂评价焦点，以评促教，提升教师语言测评素养

课堂评价受教学任务和课型的约束，"教师遇到的最大挑战是如何选择评价焦点"。^②例如，针对阅读理解的评价应包含主旨理解、信息识别、推理判断、评价运用等多个阶段性目标，进行评价时应聚焦各个目标的层次设计开放式、描述式的问题。针对综合能力的评价指一个学习任务或一个单元的学习结束之后对综合语言能力的评价，进行评价时应能反映出学生对内容、语篇结构、词汇、语法等的掌握程度，反映学生综合语言运用能力的水准。

以概要写作评价为例。学生在习作时往往面临的是宏观语篇结构层面的问题和微观语言层面的问题交织在一起，如果教师全面评价所有问题，不仅费时耗力无法完成，还会导致课堂失去焦点，导致评价成为微观的改错教学。因此，教师应根据"问题的覆盖面（典型性原则）""问题解决由简入难的逻辑顺序（循序渐进原则）""问题须在可控、可教范围之内（可教性原则）"三个原则，保证评价焦点确定的有效性。

评价焦点确定的三个原则能帮助教师获得英语教学的反馈信息，有依据地反思和调整自己的教学行为，不断提高教育教学水平。为实现教学和评价指向核心素养，提升教师的语言测评素养，教师应在核心素养目标下重新定位教学和评价理念。其主要体现在以下三个方面：①教师应从关注教转向关注学，学习的规律、学生的需求是应试教学和评价的基础；②教师应从关注

① 薛海燕.产出导向法指导下的高中英语读后续写教学实践[J].中小学教材教学，2021（03）：32-36.
② 孙曙光."师生合作评价"课堂反思性实践研究[J].现代外语，2017，40（03）：397-406，439.

学生的考试成绩转向关注学生素养的培养；③教师应从关注标准答案转向培养思维的多样性答案；④教师应从重视学习结果转向重视学习过程；⑤教师应从甄别性评价转向发展性评价，目的是促进学生的自我成长。

五、践行师生合作评价，教评统一，涵养师生和谐共生环境

课程标准指出：中学英语课程应建立以学生为主体，促进学生全面、健康而有个性地发展的课程评价体系。教师应更新评价方式，处理好评价与教、学之间的关系，引导学生主动参与学习活动并尝试自我评价、同伴互评，养成自我反思的习惯，在体验自主学习、合作学习和探究学习的过程中学会学习。

"师生合作评价"是"产出导向法"团队提出的新评价形式，将评价纳入教学的全过程，突出学生在评价中的主体地位，目的是解决评价效率低和效果差的问题。[①]"师生合作评价"指课前教师确定评价焦点，制定评价目标，选择并批改典型样本；课中，教师引导学生发现问题，针对问题进行讲解，引导学生修改问题样本和完成针对评价焦点设计的练习；课后，教师指导学生修改并进行过程监控、推优示范的评价方式，以期优化、强化学习效果，提高教学效率。[②]

设计生评和师评相结合这个环节的目的在于增加教师和学生之间的互动，教师有机会倾听学生的想法，从中判断学生现有的水平，找到阻碍其上升的因素，知道怎样可以克服这些阻力；反之，学生也有机会参与到教师评价的思维过程中，仔细分析每一个得分项，比较两种评价产生的原因，以及在下次评价时如何避免这些认知误区。学生对评价过程的领悟会积极、高效地引导写作和学习。而这样的理念也符合"产出导向法"的假设，即在教师专业引领下，学生边评边学、边学边评，打破"学"与"评"的界限。[③]

---

① 文秋芳."师生合作评价"："产出导向法"创设的新评价形式[J].外语界，2016（05）：37-43.

② 孙曙光."师生合作评价"课堂反思性实践研究[J].现代外语，2017，40（03）：397-406，439.

③ 文秋芳."产出导向法"教学材料使用与评价理论框架[J].中国外语教育，2017（02）：17-23，95-96.

六、构建"形成性评价＋终结性评价"多元化评价体系

为了提高中学英语教学的评价内容及评价质量，笔者提出"形成性评价+终结性评价"融合体系，不但优化两评价体系个体，也实现二者融合，先从二者个体评价体系的优化谈起。首先是终结性评价，可以考虑在中学英语的考核题目中加入识别性、提取性英语考题，并让它们占到一定比例。这两种题目一方面能培养学生对英语语言的理解能力，另一方面也能考核学生对英语的输出及运用能力，促进他们在现实校园生活、家庭生活以及社会生活中的全面信息交流。再者，也可以围绕生活化情境来展开对英语考题的灵活化设计，如此一来对它的终结性评价就变得相对柔性，能够有效发挥终结性评价的正面反拨作用，真正实现对学生英语实用能力的有效培养。

再看"形成性评价+终结性评价"相融合的多元化评价体系构建，可以基于中学英语课程开展一学期四次的多元化考核活动。其中不仅仅是传统中的试卷考核，它极大地丰富了考核内容，其中就包括英语演讲、等级听力、口语英语角比拼、小组集体英语学习以及平台口语表演等考核方式。这些考核内容摆脱了传统考核的枯燥乏味，反而使学生更加期待。在这里，形成性评价主要针对学生表现，小组讨论学习课题以及师生、生生互评这三大过程来进行综合评价。而终结性评价则强调在课后对课上的学习内容进行反思，找出问题，在下一次教学过程中强化管理内容，评价学生的自主学习能力，实现学生自评、自学能力的有效提升。

基于"形成性评价+终结性评价"的建设目标就是帮助学生个体树立终身学习及自我学习的意识能力，构建一种既拥有终结性，又拥有多元评价内涵的非单向互动型多元化评价体系。对于中学英语教学而言，这种综合性评价体系构建是具有反思性和可拓展性的，它必将成为未来学科教育的先进评价模式，为提高学科教学质量做出更多贡献。

结束语

　　素质教育在人们的发展过程中起着关键性作用，为了适应我国对外开放的需要，在重视英语教学的同时，很有必要强化素质教育。在社会经济全球化发展的过程中，人们越来越重视英语学科的学习，因此在中学阶段的教育中，英语教学占据着不可忽视的地位。对于中学生而言，英语学科的学习也是至关重要的，有利于促进学生素质与专业能力的发展。在中学英语教学中培育学生素质的途径如下：

一、提高教师的综合素质

　　提高教师的综合素质是素质教育顺利实施的保障与前提。教师是素质教育的直接实施者，其学识、思想及能力也会直接影响素质教育。英语属于人文学科，教师需要具备丰富的学科知识，如此才能在理解教材的基础上对学生因材施教。因此，教师可通过两个方面提高自身的综合素质：一方面，学校应主动给教师提供培训机会，让教师快速掌握学科的发展方向；另一方面，教师应主动更新教育理念。对于教师而言，教育观念与思想是灵魂，教育行为并不受其他因素的制约与支配。因此，教师要意识到素质教育的意义、目的，主动树立素质教育理念，意识到思想品德、文化素质等的重要性。教师除要承认自身在学生学习中的主导作用外，还要以学生为课堂中心，让学生主动学习。

二、培养学生的思维能力与想象力

教师应改革传统落后的教学模式，积极践行以培养学生语言交际为主要目的的新模式。因此，教师要最大限度地发挥学生的课堂主体作用，结合课堂教学需要，以及学生在课堂上的表现，适当调整课堂教学策略，科学设计教学过程，组织教学活动，优化教学方法，从而取得良好的课堂教学效果。教师的主要任务就是为学生营造良好的英语语用情境。因此，教师在课堂教学中应重视学生的课堂主体地位，鼓励学生发挥自身的创造力与想象力，创设与教材内容有关的教学情境，通过编写并演绎英语对话的形式，让学生应用所学的英语知识进行介绍、提问或者询问，如此才能让学生综合应用所学的知识。在对话表演的过程中，学生也能巩固所学的知识，同时锻炼自身的逻辑思维能力。教师还可利用现代化教学手段，结合视频、图片等寓教于乐的形式，让学生回答并猜测课文内容，以此锻炼学生良好的观察能力。

三、创新教学方法

为促进对外英语素质能力的提高，可以把学习的能力、态度，以及知识技巧作为判断学生学习状态的特征因素。一般来说，第一节课主要是介绍对外英语课程的背景与前景等，以及学习这门语言需要注意的地方。而之后的每一课不外乎以下三个内容：复习之前学过的语言内容、完成新的语言学习任务、开展听说读写训练。在每一个内容中，教师可以借助卡片或实物，使用动作谜语、接龙提问、简笔画等创新的方法来完成新的学习任务。通过小组训练还有角色扮演来进行英语学习实操，提升学生熟练掌握英语交流的技巧。新颖的英语教学方法需要教师在教学过程中发现问题并寻得灵感才能得出。对外英语的教学不但要教师的教，更重要的是学生自己的学。而学生怎么学，对于其英语能力的提高起着至关重要的作用，教师在这个过程中主要起指引作用，给出学生学习英语的较好方法。如果想要激励学生多用英语去表达，将英语活学活用，可以实行加分制。当然加分不是目的，而只是手段。以加分为动力，去开展许多提升学生英语综合素质的活动。例如，每次在课后布置一个指定英文歌唱和英文背诵的任务，同学们自己在课余时间练习，下节课学生可以上台表演加分。这样的教学方式不但督促了学生课后自主学习英语，并且锻炼了学生使用英语的表达能力，适应之后使用英语与他人对话。将创新的教学方式用于实践中，通过反复训练，来加强巩固所学内容，使学生对知识点记忆深刻。

综上所述，教师在教学中要转变自身的教学观念，创设良好的交际活动，激发学生的学习兴趣，让学生主动参与到语言实践活动中，不断克服只重视知识而忽略语言交际的弊端，科学落实素质教育。可见，教师要意识到在中学英语教学中落实素质教育的重要意义，长期坚持正确的教学方式，才能取得良好的教学效果。

参考文献

[1]赵新松.中学英语教师整合技术的学科教学法知识调研[J].衡水学院学报，2023，25（01）：108-112.

[2]王琪，靳莹.中等教育学段学情分析研究述评[J].教育理论与实践，2023，43（02）：54-57.

[3]周大慧.任务型教学法在高中英语教学中的应用分析[J].文科爱好者（教育教学），2022（06）：56-58.

[4]刘玮.中学英语教学中学生文体意识的培养[J].现代基础教育研究，2022，48（04）：219-224.

[5]张燕.翻转课堂在中学英语教学中的应用策略[J].天天爱科学（教学研究），2022（12）：194-196.

[6]温雪娟.核心素养背景下高中英语合作学习策略分析[J].校园英语，2022（48）：166-168.

[7]陈锦雁.高中英语教学中落实立德树人根本任务的策略探究[J].校园英语，2022（46）：61-63.

[8]刘玉霞，章昊，卓彬.浅析中华优秀传统文化融入中学英语教学的策略[J].新课程研究，2022（31）：42-44.

[9]马丽琼.网络环境下学生英语自主学习研究[J].知识文库，2022（20）：190-192.

[10]徐春秀.高中英语合作学习策略探析[J].文理导航（上旬），2022（10）：58-60.

[11]柯民杰.探析中学英语教学中运用现代信息技术的原则[J].教学管理与教育研究，2022，7（16）：47-49.

[12]李玲.探讨中学英语教学的课堂导入策略[J].校园英语，2022（34）：157-159.

[13]肖秀梅.浅谈中学英语教学中学困生学习动力的激发策略[J].教育界，2022（22）：38-40.

[14]董辰圣.核心素养视角下中学英语教学现状及对策研究[J].生活教育，2022（08）：108-110.

[15]童彦，杨寒.英语自主学习：问题与对策[J].黄冈师范学院学报，2022，42（03）：127-130.

[16]张念武.中学英语合作学习中的问题及对策研究[J].华夏教师，2022（10）：75-76.

[17]朱敏.浅谈英语合作学习的指导策略[J].英语画刊（高中版），2022（09）：61-63.

[18]张耀勇.英语自主学习中的性别差异探究[J].英语广场，2021（19）：107-109.

[19]韩元.合作探究学习模式在高中英语写作中的应用[J].学周刊，2021（14）：157-158.

[20]施丽花.高中英语词汇教学中开展探究学习模式之我见[J].英语画刊（高中版），2020（30）：74.

[21]宋芸.高中英语自主学习的现状及优化策略[J].校园英语，2020（43）：172-173.

[22]费小军.高中英语自主学习教学现状及策略[J].英语画刊（高级版），2020（28）：123.

[23]芦晓芳.探究学习在高中英语阅读教学中的应用研究[J].英语画刊（高级版），2020（24）：109.

[24]王春芳.探究学习法在高中英语教学中的应用[J].中学生英语，2020（02）：78.

[25]李萍.高中英语教学中的课堂导入策略[J].学周刊，2021（09）：133-134.

[26]庞维国.当前课改强调的三种学习方式及其关系[J].当代教育科学，2003,06）：18-22.

[27]梅德明，王蔷.普通高中英语课程标准（2017年版，2020年修订）解读[M].北京：高等教育出版社，2020：72.

[28]林众，冯瑞琴，罗良.自主学习合作学习探究学习的实质及其关系[J].北京师范大学学报（社会科学版），2011（06）.30-36.

[29]吴刚平.中小学课程资源开发和利用的若干问题探讨[J].全球教育展望，2009（03）：19-24.

[30]文秋芳."师生合作评价"："产出导向法"创设的新评价形式[J].外语界，2016（05）：37-43.

[31]孙曙光."师生合作评价"课堂反思性实践研究[J].现代外语，2017，40（03）：397-406，439.

[32]文秋芳."产出导向法"教学材料使用与评价理论框架[J].中国外语教育，2017（02）：17-23，95-96.

[33]薛海燕.产出导向法指导下的高中英语读后续写教学实践[J].中小学教材教学.2021（03）：32-36.

[34]吴雪峰，柳烨琛，殷缘.英语写作评分标准模型的建构及其效度研究[J].外国语文，2018，34（05）：137-146.

[35]库恩.科学革命的结构[M].金吾伦，胡新和，译.北京：北京大学出版社，2003：142.

[36]贡江春.试析库恩"范式"理论的优点和缺陷[N].科学导报，2019-06-14（B02）.

[37]曾庆敏.构建多模态的中学英语教学模式[J].重庆文理学院学报（社会科学版），2012（12）：134-138.

[39]喻侯林.高中英语教学中文化品格培养的理念和路径[J].教学与管理，2019（07）：100-102.

[40]罗晓利.高中生英语自主学习的调查与分析[D].阜阳师范大学，2022.

[41]张洪.高中英语教学学情分析探究[D].哈尔滨：哈尔滨师范大学，2019.

[42]余文森.核心素养导向的课堂教学[M].上海：上海教育出版社，2017：153.

[43]葛炳芳.外语教师的专业成长：阅读教研与行动改进[M].杭州：浙江大学出版社，2011.

[44]梅德明.王蔷.改什么？如何教？怎样考？高中英语新课标解析[M].北京：外语教学与研究出版社，2018.

[45]方涵，张建琼.英语学科文化意识的价值、构成与实现路径[J].教学与管理，2021（11）：43-46.

[46]梅德明.普通高中课程标准（2017年版）教师指导：英语[M].上海：上海教育出版社，2019.

[47]程晔学.核心素兼下的英语教学理念与实践[M].南宁：广西教育出版社，2020：59.